Maximilian Theler

Kurzpredigten
Lesejahr A

D1722628

Maximilian Theler

Kurzpredigten

Lesejahr A

Herausgegeben von
O. Zurmühle

Verlag Katholisches Bibelwerk

www.bibelwerk.de

Für die Texte der Einheitsübersetzung der Heiligen Schrift
© Katholische Bibelanstalt, Stuttgart 1980

ISBN 3-460-32979-3
Alle Rechte vorbehalten
© 2004 Verlag Katholisches Bibelwerk GmbH, Stuttgart
Umschlaggestaltung: Finken & Bumiller, Stuttgart
Satz: Werbe- und Verlagsgesellschaft mbH, Grevenbroich
Druck und Bindung: Ludwig Auer GmbH, Donauwörth

Inhalt

Weihnachtsfestkreis

Osterfestkreis

Die Sonntage im Jahreskreis

Weitere Hochfeste im Kirchenjahr

Weihnachtsfestkreis

Erster Adventssonntag (Predigt nach der Lesung)

Lesung: Jes 2,1-5
Evangelium: Mt 24,37-44

Hoffnung zeugt adventliche Menschen

Liebe Christen! Vorerst der adventliche Appell: Lass die größere Hoffnung zu! – In einer katholischen Zeitschrift wurde eine Umfrage lanciert mit der Erkundigung: „Worauf hoffen Sie?" Das Ergebnis: Der Stern der Hoffnung ist am Verblassen. Viele bemerken resigniert: Es ist ja doch nichts mehr zu retten. Andere sind froh, dass sie bereits betagt sind und Jugendliche träumen auch nicht von einer Zukunft unter leuchtendem Stern der Hoffnung. Darum genießen sie das schnelle Glück und richten ihren Blick auf Erfüllung kleiner Hoffnungen bei „geiler" Abendgestaltung im Spotlight mit jagenden Farben und Musik nach „Holz-Hack"-Art und Techno-Richtung. Die Werbung weiß das Blasswerden des Hoffnungssterns zu nutzen mit Einblenden von in die Augen stechenden Angeboten. So wird Erfüllung kleiner Hoffnungen rund um das Jahr beleuchtet. Zugedeckte Hoffnungslosigkeit wird damit überspielt. Grosse Hoffnung, wo bist du geblieben?

Diese antwortet mit den Fragen: Worauf hoffst du für dich persönlich? Traust du dir etwas zu bei neuen Erfahrungen, tiefschürfenden Entdeckungen mit Aussichten, die ein Leben vor dem Tod bieten? Kennst du das Ausbrechen aus der Raupen-Enge in die Weite des Schmetterling-Fluges? – *Gib dich nicht zufrieden mit dem was du hast; stoße vor bis in den Grund deines Seins.* Lass dich nicht täuschen, indem du dir Enttäuschungen ersparst. Hier bin ich geblieben, ich „große Hoffnung" und biete mich dir an als Advent.

Entdecke mich und lass mich an dich heran. Denn die große Hoffnung ist erfüllt und erhält einen Namen: Gott-Mensch. Er glaubt an dich, träumt von Zukunft für dich, hofft auf Begegnung, feiert mit dir Advent. *Zusagen Gottes locken uns zur großen Hoffnung hin.* Sie wird erfüllt in Gottes adventlichem Feiern mit uns.

Die gehörte Lesung (Jes 2,1-5) ist Mitte der großen Hoffnung und um sie dreht sich die ganze Welt. Der Sprecher Jesaja hätte allen Grund, verzweifelt den Advent abzublasen, zu verkünden „no future". Resigniert könnte er sich in die vergänglichen, kleinen Hoffnungen verlieren. Sein Leben könnte erstarren, denn er steckt in einer Zeit, die keine Aussicht auf irgendeinen Advent gibt. Gerade mitten in dieser scheinbaren Unfruchtbarkeit werden große Hoffnungen gezeugt und wachsen der Geburt entgegen. Menschliche Ohnmacht ist der unfruchtbare Boden, in den der Same göttlicher Allmacht fällt und aufgeht. Ins Verstummen hinein fällt das Wort der Verheißung. – *Die Umstände täuschten im Schein der gehobenen Schicht, nämlich, es gehe allen gut.* Dunkle Wirklichkeit aber war die in Not und Hoffnungslosigkeit verstummende untere Schicht. Diese besann sich auf den Weg nach innen, zu einem Advent, der die Gewissheit schenkt: Nichts ist verloren. Denn, Sinnlehre gibt Raum für die große Hoffnung – für den Aufbruch in den Advent aller Advente.

Jesaja bezeichnet diese innere Erfahrung als Berg des Herrn, Mitte der Welt. Zu dieser Mitte hin zieht es die Völker. Damals wie heute sind Mitte und Berg adventlich. Die anziehende Mitte weckt Sehnsucht, die sich erfüllen wird im Ganzsein, heil werden im Leben. So begegnen sich die Vielen und feiern Advent, weil sich Frieden und Gerechtigkeit die Hand reichen in einem Advent für alle. Wirklicher Advent findet in dieser Mitte statt, weil der Vermittler zugleich die Mitte ist. Er spricht recht und verschiebt das Interesse an den Mächtigen auf die Ohnmächtigen; – bewegt den auf seinen Vorteil Bedachten hin zum Benachteiligten.

Liebe Schwestern und Brüder! Der Ankommende stellt jedem die Fragen: Glaubst du, dass die große Hoffnung für dich und die Welt mein Geschenk ist? Lässt du dich aus kleinen Löchern der Hoffnungslosigkeit herauslocken in den Abgrund der Liebe? Bist du bereit, statt Rückzug zu blasen, vorwärts zu schreiten? Willst du dem großen Stern der Hoffnung, der im Sternenzelt strahlt, mit den vielen Suchenden dem großen Advent entgegenleuchten? – *Ein konkretes Ja gab ein Kommunist namens Gorbatschow.* Er wurde nicht müde, von der großen Hoffnung zu sprechen. Er brachte die Mauer zwischen Ost und West zum Einsturz, stellte sich als Wächter des Friedens auf, von dem im heutigen Evangelium die Rede ist. (Ev.: Mt 24,37-44)

Zweiter Adventssonntag (Predigt nach der Lesung)
Lesung: Röm 15,4-9
Evangelium: Mt 3,1-12

Vom Wegweiser, der mit seiner Geduld am Ende war

Liebe Christen! Wegweisers Klage rührt die Herzen: Ich bin mit meiner Geduld am Ende! Manche lassen mich stehen wie einen „Ölgötzen". Dies enttäuscht mich um so mehr, weil es Leute aus meiner Umgebung sind. Sie schleichen gesenkten Blickes oder stolzieren erhobenen Hauptes an mir vorüber. Die Fremden sind aufmerksamer, sind froh um mich – den Wegweiser. Sie bleiben stehen, blicken hinauf, diskutieren und gehen weiter. Schade, ich verstehe ihre Sprache nicht. Meine Aufgabe ist vielfältig: Angabe des Zieles und der Entfernung, Hinweis auf ein Zwischenziel. Es ist keine Seltenheit, dass ich dienstuntauglich werde: Ein Raser oder eine Träumerin fahren mich um, Schneegestöber hüllt mich in Weiß – verärgert oder hilflos kratzt der Richtungsuchende an mir. – Wegweisers Stimme wirkt erstickt: Mutwillige haben mich so gedreht, dass ich zum Leidwesen Pilgernder in die falsche Richtung weise. – *Einen in Geduld erprobten Wegweiser zeigt die heutige Lesung.* Die Richtung ist klar gegeben. Einladend sind die Worte: Geh' geduldig und mit Ausdauer, denn das große Ziel heißt „Erlösung".

Der Weg zum Ziel ist belagert mit Hindernissen, Hügeln und Bergen. Sie schütten kleine Ziele zu, Erhebungen und Kuppen versperren die Sicht zum großen Ziel. – *Hindernisse sind fehlendes Wohlwollen, Erstarren in Lebensgewohnheiten, Erlöschen der Liebe, weil Diskretion fehlt.* All dies führt zu Frustrationen mit Bemerkungen wie „Mir ist alles schnuppe", – wahrlich eine trübe Suppe. Wer hat da noch Geschmack an adventlichem Warten auf Ankunft? – *Antwort gibt die liebende Geduld, sie ruht nicht, bis das Herz Advent begehen kann.* Dieses findet Worte, wie jene des Liedes: „Manchmal kennen wir Gottes Willen, manchmal kennen wir nichts. Manchmal sehen wir Gottes Zukunft, manchmal sehen wir nichts. Manchmal spüren wir Gottes Liebe, manchmal spüren wir nichts. Manchmal erwirken wir Gottes Frieden, manchmal wirken wir nichts." Wer dieses achtmalige „Manchmal" geduldig durchsteht, begegnet dem, der alles kennt, sieht, spürt und wirkt. In allem will er Advent und Begegnung feiern.

In der gehörten Lesung (Röm 15,4-9) gibt Paulus die zwei wichtigen Zwischenziele an.: „Geduld" und „Trost". Sie stehen auf dem adventlichen Wegweiser eines jeden Menschen. Zugleich weisen diese Wegweiser zueinander – auf Zwischenziele, die uns miteinander verbinden. Solche Ziele sind verwandelnd: von gefährlicher Schwarz-Weiß-Malerei zur Vielfalt von Farben, vom beidseits Rechthaben-wollen ins wohlwollende Entgegenkommen. Wo zwei aufeinander zugehen, bewegt sich „Verstehen". – *„Geduld" und „Trost" heißen die beiden Ortschaften, auf die sich adventliche Menschen hinbewegen.* Der Wegweiser, vom Tröster-Geist ins Herz geschrieben, kann kein Bösewicht oder Kobold verstellen. Auch steht kein Gott am Wegrand, der richtend kontrolliert und korrigiert. Ein Gott des Trostes geht mit uns und ein Gott der Geduld wartet bis wir ankommen, um Advent, Ankunft zu feiern. Nie verklingt seine mitfühlende Stimme nach Jes 40,1: „Tröstet, tröstet mein Volk". Sie begleitete damals aus dem Exil und vermag auch heute aus jeglicher Art von Exil zu befreien.

In der Bergpredigt (Mt 5,4) versichert Jesus, der selber Tränen teilte: Die Trauernden sind selig zu preisen, weil sie getröstet werden, – oder nach Johannes (16,6f) erfahren wir sein besorgtes Herz: Ich werde euch in eurer Trauer den Beistand, den Tröster-Geist senden. – Geduldsproben durchziehen

das Alte Testament bis die Hauptprobe der Geduld stattfindet: Letzte Vorbereitung für die Ankunft des Menschensohnes bei den Menschenkindern.

Die Geduld will sich – in kleinen Schritten konkretisiert – bewähren. Ihr
Lieblingswort heißt „Immer wieder". Immer wieder heißt es: Mach dir und
dem andern Mut und probiere! Versuche immer wieder etwas auf sich beruhen
zu lassen. Der in Geduld verankerte Mensch resigniert nicht: Höre nie auf
anzufangen, und fange nie an aufzuhören. – *Auch der Trost kennt ein Lieblingswort „Da sein ".* Da sein, wenn du gebraucht wirst; da bleiben, wenn alles
stockt und verstummt; nicht davonlaufen, wenn Ratlosigkeit durchzutragen
ist; ausharren, wo es nichts mehr zu erharren gibt. Vielleicht wird Nähe zum
tiefsten Trost, weil der Gott des Trostes in ihr wirkt.

Liebe Schwestern und Brüder! Geduld üben und Trost spenden wecken
Hoffnung – aus Zwietracht und Verzagtheit werden Versöhnung und Starkmut.
Die Erstarrung im Missverständnis kommt in Bewegung Richtung Verstehen.
In adventliches Dämmern mischt sich das Licht vom Stern der Hoffnung.
Dieser beleuchtet das Lied aus dem „Gottes Lob": „Gott wird wenden Not und
Leid". Das sind Worte, welche von der Frau stammen, die erfahren durfte: Weil
meine Geduld „immer wieder" neu wurde und der Tröster-Geist „da war",
hoffte ich und durfte erleben, dass der Kinderwagen nicht leer blieb. – Auch in
der Krippe liegt erfüllte Hoffnung, angekündigt von Johannes. Allerdings kam
Jesus nicht mit der Wurfschaufel, wie der Täufer meinte! (Ev.: Mt 3,1-12)

Dritter Adventssonntag (Gaudete)
Lesung: Jes 35,1-6a.10
Evangelium: Mt 11,2-11

> Bereite die adventlichen Reiskörner für den Austausch
> mit weihnächtlichen Goldkörnen!

Liebe Christen! Als die Befreiten Jahwes, nach Jessaja 35,10, jauchzend
heimkehrten, saß ein Bettler am Rand der staubigen Überlandstraße. Menschen jeglichen Alters gingen vorüber, Arme und Reiche, Gesunde und Kranke. In seine hingestreckte Hand fielen Reiskörner. Eifrig sammelte der Bettler
sie in eine Schale: Das wird mein Festmahl! – Plötzlich entdeckte er eine
Pferdekutsche, die sich näherte: Im Schein der Sonne leuchten die Goldver-
zierungen. Aufgeregt frägt der Bettler: „Wer kommt da?" Ein Vorüber-
ziehender sagt ehrfürchtig: „Ein König". Hoffnung steigt auf: Nun werde ich
sicher reich beschenkt, muss nie mehr betteln. Je näher die Kutsche kommt,
desto freudiger schlägt das Herz.

Beim Bettler angelangt, hält das Gefährt. Ein König steigt aus. – Welche
Überraschung! Dieser streckt die Hand nach ihm und bittet um ein Almosen.

Aufgeregt greift der Bettler in die Schale und legt ein einziges Reiskorn in die Hand des Königs. Der bedankt sich und fährt weiter. Enttäuscht bleibt der Bettler zurück. Die Sonne ging zur Neige. Er ging in seine Hütte und bereitete sich trübsinnig das Essen. Plötzlich strahlte ihn eines von den ausgebreiteten Reiskörnern golden an. Erregt griff er nach dem Gold. Dann ließ er auch die übrigen Körner durch die Hand rieseln. Eine eigenartige Leere verspürend, dachte er: „Sie alle könnten pures Gold sein." – *Advent ist die Zeit des Wartens – erregtes, freudiges Warten der Kinder.* Die Ungeduld drängt sie hin zur Weihnacht. Erwachsene warten mit Leerem, das sich in dieser Zeit füllen sollte: Wende einer verkehrten Beziehung, Wende von Hektik in Gelassenheit, Wende vom Dunkel im Gemüt ins Licht. – Kommt der König diesmal in meinem Innersten an? – Wir warten und erwarten!

Wie sollen wir warten? Der Bettler in der Legende wusste, worauf er wartete – auf Reiskörner. Als der König in Sicht kam, wartete er auf ein Geschenk: „Dann brauche ich nie mehr zu betteln!" Mit jeder Faser war er wartende Erwartung. – Und: Vor ihm steht der König, die leere Hand hingestreckt zum Füllen. Das hatte er nicht erwartet. Auf Geben war er nicht eingestellt. Die Begegnung mit dem König war anders, als vorgestellt. Eine Chance war verpasst: Hätte er alle Reiskörner in des Königs Hand gelegt, wären die Goldkörner ebenso zahlreich gewesen! – *Auch die am Bettler heimwärts ziehenden Israeliten verpassten die Chance:* Einen fruchtbringenden Schössling, auf dem Gottes Geist ruhte, durften sie erwarten. Er lässt sich weder vom Augenschein noch vom Hörensagen täuschen. Die Armen des Landes dürfen auf einen warten, der ihnen gibt in Gerechtigkeit. Er ist gewaltiger, als alle Könige. Der Gewalttätige bekommt seinen Stab zu spüren, den Frevler wird der Hauch seines Mundes wegraffen. Friede und Freude werden sein über Israel, weil Blinde sehen, Lahme gehen, Aussätzige rein, Taube hörend und Tote erweckt werden. – Doch Israel nahm Anstoß. Es wollte nicht nur den Reis für die Armen. Es verlangte, ohne etwas zu geben, das Gold für eine befreite Nation. Darum hat es erwartend seinen König verpasst und wartet immer noch auf den Messias.

Der Täufer, welcher die letzte Wegstrecke heimwärts bahnte, musste verschwinden. Doch die größte Gestalt – nach Jesu Wort – lässt sich nicht aus dem Advent verdrängen. Uns Heimwärtsziehenden und dem Bettler am Wegrand ruft er zu: „Kehrt um, verlasst festgefahrene Gewohnheiten und fixe Vorstellungen." Der König ist in seiner Kutsche auch mit unterwegs – nicht als politischer und nationaler Befreier. Er bringt das neue Leben mit, geht auf dem Weg voraus und räumt Hindernisse weg: Falsche Erwartungen, geiziges Sich-an-ihn-Verschenken. Ihn befragt nach der Richtung des zu bahnenden Weges, antwortet er: „Setzt die Hoffnung nicht auf eigenes Wissen. Schafft die Hindernisse miteinander aus dem Weg im Abtragen der Vorurteile, durch euch selber ändern und durch Mäßigen der Wünsche, durch den andern nach seiner Meinung fragen. " Eigene und fremde Anliegen im Herzen erwägend, wird das Gewicht der eigenen Reiskörner im Unterschied zu den Goldkörnern des Königs rechtzeitig erkannt.

Liebe Schwestern und Brüder! Dieser Johannes hat gut reden, da er im Gefängnis sitzend, von Jesus selbst Anweisung bekommt. Jesus gibt jedem von uns Wegweiser: Den Eltern zur Abwechslung in die Haut eines verirrten Kindes zu schlüpfen, in die Richtung zu einer Schwester in versteckter Not, zum schon längst fälligen Besuch bei einem Kranken, einer Betagten. *Der König kommt auf dem Weg, den wir bereiten durch unser kräftiges Zugreifen, unser Aushalten im stillen Beten.* Von unschätzbarem Wert sind die älteren Wegbereiter unter uns. Ihre Reife, Weisheit, ihr Kranksein und Abnehmen im Alter, treiben das „Komm Herr Jesus" voran. Wenn seine Kutsche anhält, dürfen wir die Reiskörner der Erde austauschen mit dem Glanz und Wert himmlischen Goldes. Darum lasst uns wachsam erwarten und freudig warten.

Vierter Adventssonntag (Predigt nach der Lesung)

Lesung: Jes 7,10-14
Evangelium: Mt 1,18-24

Die bestversicherte Sicherheit

Liebe Christen! Sörgen Kierkegaard schildert in einer Erzählung folgendes Begebnis: Wie ihre Vorfahren, hatte auch die fleißig gurrende Wildtaube im Dickicht des dunklen Waldes ihr bergendes Zuhause – ein Nest mit Sicherheitsmaßnahmen nach Vogeltechnik. Geben wir der Taube das Wort: In meiner Nähe war der Bauernhof mit einem Taubenschlag. Da wohnten noch entfernt Verwandte von mir, zahme oder auch „Brieftauben" genannt. Ein nettes Pärchen kam zu mir auf Visite. Wie es der Anstand verlangt, erwiederte ich den Besuch. Hatten die ein üppiges Leben! – Ich verglich: Täglich fliege ich und erbeute mir hier und da ein Korn oder eine Nuss – erobert nicht ohne Verscheuchtricks. – *In meine Träume begann sich das Speisezettel-verlockende Erzählen der zahmen Tauben zu vermischen:* Für unsere Sicherheit sorgt der reiche Bauer. Während er kräftig erntet, sitzen wir Bewohner des Taubenschlages in Reih und Glied dem Dachfirst des Bauernhauses und schielen ins Getreidefeld. Wenn nachher die Bauersleute ihr Abendbrot essen, schwirren wir flugs zum Acker und picken drauflos. – Missgestimmt beneidete ich: Die haben es viel besser als unsereiner! Ihr Leben ist gesichert. Die haben „gut gurren"! Damit begann ich mir quälende Sorgen zu machen, obwohl ich keine Not litt und in verhältnismäßiger Sicherheit lebte. So ergab ich mich ins Selbstmitleid. – *Durch öftere Besuche bei den verwöhnten zahmen Tauben und*

Ausnützen ihrer „Festtafel" rundete ich mich bald auf zur Fettkugel – zu schwer für den Flug ins Weite. Ich verlor die Flugsicherheit einer Wildtaube und blieb im Taubenschlag sitzen. Welch herrliches Schmausen im Kreis der Kolleginnen und Kollegen zahmer Art! Während der mittäglichen Siesta träumte ich von unsicheren Flügen als Wildtaube über steilen Felsen ... Hier verstummt die Taube, denn der Bauer hat den Eindringling entdeckt – nach ihm mit eiserner Hand gegriffen. Damit war nichts so sicher wie das Ende der Wildtaube in der Pfanne.

Das Ende der Taube bewegt uns zum Flug ins Jahr 735 v. Chr. König Ahas will keine Bitten an Jahwe stellen; als Realpolitiker sagt er sich: Ich nehme unsere Sicherheit selber in die Hand. Schließlich bin ich am Steuer des Staates Juda und kenne das Verlangen der Menschen nach Sicherheit. Es wäre Leichtsinn, der Sicherheit durch den fernen Gott zu trauen. – Ahas stand auf sicherem Boden, doch seine Selbstsicherheit „setzte Speck an" und das Gewicht der Selbstsicherheit hinderte vermehrt am Flug in die Sicherheit Gottes. Er handelte wie die Wildtaube. – *Weder Ahas noch die Wildtaube sind ausgestorben.* Statt sich dem Wehen des Geistes im Flug zu überlassen, sitzen sie auch heute auf dem Wort „Sicherheit": Wie zahme Tauben gesteuert, vertrauen sie auf Parteien und Gruppierungen. Manche lassen sich täuschen durch plakative Sätze wie „Das Beste ist eine gute Versicherung", „Sicherheit ist garantiert durch Forschung". Die Masse gurrt gleich zahmen Tauben „Sicherheit hat Zukunft", „Was wir haben, wissen wir, was Gott gibt, scheint ungewiss". – Wer weiß, ob die Hand Gottes nicht eisern nach uns greift, wie die Hand des Bauern nach der Wildtaube!

Was kann Gott dafür, dass er allein letzte Sicherheit ist? Er sieht, wie menschlicher Geist „Sicherheit" erforscht und erringt, hört auch, wie des Menschen Herz in Unsicherheit bebt. – *Bert Brecht beschreibt dies in seinem „Kinderkreuzzug".* Ein Kind klagt verzweifelt: „Wir wissen den Weg nicht mehr!" Jugendliche schmieren an Hauswände, was bei vielen ins Herz geschrieben ist: „No future" oder „Gibt es ein Leben vor dem Tod?" Wer die innere Sicherheit verliert, lechzt oder jagt vergeblich nach ihr, sei dies mit der Droge oder Betriebsamkeit. Das ist seit der königlichen Sicherheit eines Ahas bis zu Sicherheitsmauern unserer Zeit so geblieben.

Liebe Schwestern und Brüder! Jetzt sprengt Gott die menschlichen Sicherheitsschlösser, öffnet Türen und ruft: Deine Absicherung, Mensch, ist mein Gott-menschliches Einbruchstor. Seine Zeichen weisen den Weg, geben Sicherheit. *Wer aus den Jahren der Geschichte lernt, erkennt das Zeichen Gottes gemäß Jesaja, in der gehörten Lesung:* „Die Jungfrau empfängt ein Kind, gebärt einen Sohn; sein Name ist Immanuel" – Gott mit uns (Jes 7,14). Dieses Kind zieht mit Banden der Liebe zu sich, um den Menschen letzte Sicherheit zu geben. – Es gibt keine tiefere Sicherheit für unser Absterben, als die Geburt Jesu in uns, von der uns jetzt erzählt wird: (Ev.: Mt 1,18-24)

Hochfest der Geburt des Herrn – In der Heiligen Nacht
Lesung: Jes 9,1-6
Evangelium: Lk 2,1-14

Wie ein Narr die ganze Weisheit fand

Liebe Christen! Zu den „Menschen seiner Gnade" zählt auch der Weihnachtsnarr. Er lebte vor 2000 Jahren im Morgenland, strebte nach der Weisheit und guckte zu den Sternen. Staunend blieb sein Blick am Himmel haften. Da war ein neuer Stern. In seiner Narrenweisheit sinnierte er: „Es ist wohl der Stern, von dem die Alten sungen, – ein Königsstern werde auf einen neugeborenen Herrscher hinweisen. Der Stern wird mich führen. Denn auch dieser König wird froh sein über einen Hofnarren." – Wie er so in die Nacht hineinlief, hielt er plötzlich inne: „Ich habe gar kein Geschenk für den König!" Dann aber schüttelte er vergnügt seine Füße: „Die Narrenkappe, das Glockenspiel und die Blume werde ich ihm überreichen!"

In dieser Nacht führte ihn der Stern zu einer Hütte. Da drinnen spielten Kinder Verstecken. Eines weinte: „Ich habe ein lahmes Bein und kann nicht spielen!" Schon saß die Narrenkappe auf dessen Kopf. Der Kleine zog sie über die Augen und rief: „Gäll, du g'sesch mi ned!" – Mit entblößtem Haupt ging der Narr nachdenklich weiter: „Der Kleine hat die Narrenkappe nötiger als ein König." In der zweiten Nacht hielt der Stern über einem Palast. Der Lärm fröhlich spielender Kinder hieß ihn willkommen. Doch ein Mädchen weinte: „Ich bin blind, kann nicht mitspielen!" Der Narr gab ihm das Glockenspiel in die Hand, die Kleine begann begeistert zu üben. Die Klänge begleiteten den Narren in die dritte Nacht – und er summte: „Ein König braucht kein Glockenspiel zum Fröhlichsein." Da hielt sein Stern bei der Spitze eines Schlossturms an. Aus dem Burghof kam ihm ein Kind weinend entgegen. Es war taub, wies mit der Hand auf andere, die sangen und spielten. Er streckte der Kleinen die Blume entgegen. Ihre Augen erglänzten und der Narr erwog: „Ein König hat ein ganzes Blumenparadies!"

Sowie der Blumenduft verschwand, stellte der Narr erschrocken fest: „Ich habe nichts mehr für den neuen König!" Schweren Herzens wollte er umkehren. – Und: Da tat der Stern keinen Wank mehr! Voll Staunen guckte er zum ihm hinauf. Mit Narrenhumor ließ er sich von diesem vorwärts ziehen bis zu jenem merkwürdigen Stall mitten auf dem Feld. – Während der Stern vergnügt hinunterleuchtete, bückte sich der Narr in die Türöffnung. Er traute seinen Augen nicht: In der Krippe lag ein Kind, daneben war dessen Vater mit dem

Esel beschäftigt. Dann diese Hirten – mit allerlei Geschenken in den Händen und sogar drei Könige mit Kostbarkeiten beladen!!

Der Narr wusste gar nicht, wie's geschah! Die Mutter hielt eine Windel in der Hand und das Kind im andern Arm. Suchend begegnete sie dem Blick des Narren – und schon lag das Kind in seinen Armen. Während Maria die Krippe neu zum Bettchen richtete, betrachtete der Narr das Kind, er erkannte: „Jetzt hab' ich den König gefunden! Auf meiner Suche nahm ER beim lahmen Kind meine Narrenkappe, beim Blinden mein Glockenspiel und beim Tauben die Blume! Dafür darf ich nun den König tragen und so ein weises Herz empfangen!"

Hochfest der Geburt des Herrn – Am Morgen
Lesung: Jes 62,11-12
Evangelium: Lk 2,15-20

Von der Glaskrippe, deren Scherben Herzen verwandelte

Liebe Christen! Einer der Hirten späterer Zeiten hieß Guido, der Künstler. – Schon geraume Zeit vor dem Weihnachtsfest illustrierte sein Gehirn das Ereignis. Dies war bei den Schmelzöfen, wo er in der Fabrik als Glasbläser kunstvolle Werke aus seiner Lunge blies. So entstand auch sein Weihnachtswerk für die Kirche Santa Maria dei Marinai in Venedig: Ochse, Esel, Schafe, Maria und Josef, das Kind in der Krippe und ein paar Hirten – Familien mit Kindern; schließlich Kamele und deren Treiber, drei Könige mit edelsteingespickten Kronen, – jene des Mohren in Form eines Turban, – Könige mit Gewändern nach orientalischer Art gefaltet. Es brauchte lange, bis sich alle diese Figuren – aus Glas geblasen – seinem Künstlerblick als Augenweide anboten. Guidos Blick blieb auf der Hl. Familie haften: Maria in Blau und Weiß, auch die Gelbtöne fehlten nicht; Josef in Braun und Grau, bereit zum Zugreifen; Guidos winziges Jesuskind in zedernholzfarbiger Krippe war sein kostbarstes Kunstwerk. *Da, – Kümmernis bewölkte Guidos Gesicht:* Eigentlich widerrechtlich habe ich die gläserne Weihnachtsgrotte aufgestellt; mein Arbeitskollege Cosimo hat mich Dummkopf gescholten, als Kitsch mein Weihnachtswerk klassifiziert und meine Liebe zum Thema „Jesu Geburt" verspottet.

Trotz der Verdemütigung durch Cosimo, begann er sein gläsernes Kunstwerk in der Kirche aufzubauen, wobei Kerzenlicht auch das Dunkel seiner finsteren Gedanken über Cosimo brach. Aufatmend bestaunte er seine Figuren: Das sind ja Leute von heute, gläserne Bäume geben mir als Wald den Hintergrund, davor auf den Fluren die Engel. Stolz blieb sein Blick auf dem einzigen Elefanten – beim Rüssel – haften: Der ist vollendete Schönheit!

Endlich war es so weit, die Glocken von Santa Maria dei Marinai erklangen vielstimmig in die Hl. Nacht hinaus und riefen die Vielen zur Christmette. Guido weilte bereits in seiner Nische neben der Weihnachtsgrotte. Ein Streichholz war hörbar zum Entzünden der Kerzen und schon glitzerten die durchsichtigen Figuren um die Krippe und in der Grotte in allen Farben durch den großen Raum. Mittlerweile waren sogar die Stehplätze in der sonst geisterhaft still anmutenden Kirche angefüllt worden. Und – oh Schreck, Guido erkannte in der Menge seinen Gegner Cosimo mit einem Unheil verkündenden Jute-Sack über der Schulter. Guido tröstete sich: Cosimo ist eine „Fata Morgana". – *Als die Weihnachtsmette im „Stille Nacht" ihren Höhepunkt erreichte, als ungezählte Kerzenlichter aus den Händen flackerten, wurde Cosimo sichtbarer und sichtbarer:* Sein Auftritt war kühn und zugleich zielsicher. Er bahnte sich den Weg durch den Mittelgang, wer nicht den Weg freimachte, wurde zur Seite geschoben. Aller Augen waren auf den Kobold gerichtet. Jeder merkte, wie er höhnisch in seinen struppigen Bart hineinlachte und unter dem Schnauz braun getönte Zähne zeigte. Ein Kind zeigte mit dem Finger auf Cosimo und bemerkte hell und klar: „Mama schau, das ist der Teufel!" – „Sei still, Kleines", flüsterte Guido, der in der Nähe kauerte, „einen Teufel gibt es nicht!" Das Kind darauf: „Dann gibt es auch keine Engel wie dort um die Krippe!" – *Cosimo stand jetzt exponiert und ganz nahe bei der gläsernen Grotte von Betlehem.* Mit raschem Griff langte er in den Sack auf seiner Schulter, fasste den Schmiedhammer mit beiden Händen und ließ ihn mit ganzer Wucht auf die gläsernen Figuren sausen: zuerst in die Grotte mit Maria, Josef und dem Kind mit Krippe. Im Nu war alles ein Scherbenhaufen. Cosimo schwang seine Vernichtungswaffe auch zu den baumelnden Engeln, doch diese schienen davonzufliegen. Guidos entsetztes, aber auch ohnmächtiges Seufzen mischte sich in das Weinen erschrockener Kinder und bestürzter Frauen. Jetzt senkte Cosimo den Blick und den Hammer – seine Heldentat war gelungen, seine letzte Würde in Scherben. Mit jedem Schlag hatte er die Zahl seiner Mitmenschen in Feinde verwandelt.

Aber jetzt – die Wende! Cosimo stand da mit hochrotem Kopf. Aus seiner Seele meldete sich ein Fünklein seines bessern Ichs: So ist die Welt um mich und in mir. Sie studiert über Aufbau und plant Vernichtung; eine Hand stellt her, die andere entstellt. *Da griffen eiserne Hände nach ihm mit dem Ziel „Gefängnis".* Guido trauerte um das fast zerstörte Glaskunstwerk, einzig der ganz gebliebene Elefant äugte aus seinen kleinen Augen tröstend zu ihm hin und die vor dem Hammer geflohenen Engel schwangen an ihren Nylonfäden wieder in ihre ursprüngliche Position zurück. – Derweil wanderten Guidos Gedanken zum verhafteten Kollegen: Wie ähnlich sind wir uns; mein Gegner Cosimo und ich sind schicksalsverwandt im Elend!

Liebe Schwestern und Brüder! Um den Scherbenhaufen herum fand die Mette ihren Ausklang. Mit einem Amen-Halleluja fiel die große Türe des Kirchenportals ins Schloss. Die Hl. Nacht hatte ihre Ruhe – Guido wurde auch in Venedigs besseren Kreisen wegen seiner Weihnachtsgrotte bekannt, er erhielt einen Ehrentitel. Der Fabrik wurde seine Glas-Blaskunst „Gold wert", denn die Aufträge häuften sich. Gläserne Grotten und Krippen verbreiteten sich von Venedig bis Betlehem. Auch Cosimo wurde bekannt und sollte in der Dunkelheit des Gefängnisses versenkt werden. – *Da ereignete sich Weihnacht!* Es war die Nacht, in der zwei Gegner sich die Hand reichten. Guido ging zum Carabinieri und bat um Cosimos Freilassung. „Hätte ich nicht widerrechtlich die gläserne Krippe hergestellt, wäre Cosimo mit dem Recht nicht in Konflikt geraten!" Auf freien Fuß gesetzt, umarmten sie sich im Weihnachtsfrieden.

Fest der Heiligen Familie (Predigt nach der Lesung)

Lesung: Kol 3,12-17.21
Evangelium: Mt 2,13-15,19-23

Die Familie auf der Suche nach neuer Identität

Liebe Christen! Die Familie ist stark im Blickfeld des öffentlichen Interesses – auch als willkommene Zielscheibe. Der Strukturwandel innerhalb der Familie wirft Fragen auf am Fest der Heiligen Familie. – Die Aussagen der Bibel stellen eine quicklebendige Familie vor. Eine solche will sich auch hier und heute bewegen. *An Stellungnahmen zu „Familie heute" fehlt es nicht.* Viele fühlen sich dazu berufen, wenige sind wohl wirklich kompetent: Gruppen und Institutionen machen „in Familie", was nur theoretisch plausibel ist, Ministerien nehmen die Familie unter die Lupe, Verbände meinen, das Band der Familie genau zu kennen; Kirchen sind gegen oder für die Unauflöslichkeit. Wir fragen uns: Ist die Familie zum Streitobjekt geworden? Ist sie ein Sündenbock, der – in die Wüste gejagt – anderes verbirgt und Hintergründe nicht nach vorn schieben lässt wie etwa „Familie als politisches Machtmittel"? Das Motto schwingt unlauter mit: „Wer die Familie mit den Kindern auf seiner Seite hat, dem gehört die Zukunft".

Zwei Erläuterungen zu „Familie heute": Zunächst ist sie Grundlage jeder Gemeinschaft – Mitte und Herz des Zusammenlebens. *Als zweites ein Aber:* Die überlieferte Form der „bürgerlichen Familie" steht in der Krise, ist in Bewegung durch „Ehe auf Probe", „Ehe ohne Trauschein", „Partneraustausch". Alles Stichworte, die stechen und reizen! – Die Zukunft der Familie ist vielen ein echtes Anliegen: Altbewährtes soll erhalten bleiben – Neues den gesellschaftlichen Bedingungen entsprechen. So ist die Familie auf der Suche nach ihrer Identität.

Die Hl. Schrift macht Mut: „Wer sucht, der findet", wobei Lesung und Evangelium zum Festtag bestätigen, dass dem so ist. Sie bieten kein soziologisches Modell der Idealfamilie. *Beide Texte beleuchten die Innenseite mit dem Licht des Glaubens.* Was nicht überholbar und auch keiner Revision unterziehbar ist, prägt die Familie aller Zeiten: Biblisch grundgelegte Liebe und auch Zuneigung. *Wer nur den Maßstab des Rechts ansetzt für die Familienbande, misst falsch.* Maßstab sind Zuwendung, Sorgfalt, Rücksichtnahme. Das Messgerät hat Gott in der Hand. Er hat dafür gesorgt, dass die Versöhnung zwischen ihm und uns Menschen hergestellt wurde. Diese Versöhnung verträgt keinen Neid, der vorauseilt und den Mitmenschen zurücklässt. Die Miteinander kommen bei Gott an. Die christliche Ehe bleibt erkennbar am ergänzenden Miteinander!

Hierin bietet die gehörte Lesung in klarer Reihenfolge Richtlinien an: Gott hat euch zuerst geliebt. Erwidert seine Liebe durch Erbarmen und Güte zueinander. Je mehr wir uns bewusst sind, dass wir in der Liebe Gottes aufeinander zugehen, desto mehr pulsiert ein sichtbares Tugendleben. Pulsierendes Leben bringt das Miteinander in Schwung durch Milde im Beurteilen, Geduld im Erwarten, liebendes Verzeihen. Dieser paulinische Tugendkatalog war schon längst vor ihm in Gebrauch. *Ein jeder Zeit angepasstes Familienbild* – von der Liebe Gottes her beleuchtet – *ist das menschliche Miteinander* – als Abbild des „Gott mit uns". Er ist es, der das äußerlich Schwierige von innen her erleichtert und die Herzen füreinander entzündet. Jesus ist der Zünder. Seine Erlösung beflügelt vertrauende Liebe zueinander. Er will Glück und Freude auf Erden erhalten.

Liebe Schwestern und Brüder! Die gehörte Lesung schließt mit: „Ihr Väter, schüchtert eure Kinder nicht ein, damit sie nicht mutlos werden" (Kol 3,21). Hier ist die Mutlosigkeit als große Gefahr bezeichnet, denn Liebe und Aufmunterung der Eltern geben den Kindern Mut zum Leben. Wo immer dies vorenthalten wird, ist das Werden des Kindes wie aus „Tod geboren". Wer auf die Dauer mutlos ist, kann mit sich selber nicht im Frieden leben – ist auch unfähig für eine dauerhafte Beziehung. *Das „Einander-Mut-zum-Leben-Schenken" schweißt Familien und Gemeinschaften zusammen.* Mutiges Miteinander stärkt das Vertrauen zueinander. So wird auch die Würde des Einzelnen gewahrt. Solches ist denen möglich, die empfänglich sind für die göttliche Sonne, die nach jedem mutlosen Einnachten morgens wieder aufgeht.

Wir hören nun, wie unter Einnachten und Sonnenaufgang der Hl. Familie Flucht nach Ägypten gelang. (Ev.: Mt 2,13-15)

Neujahr – Hochfest der Gottesmutter Maria – Weltfriedenstag

Lesung: Gal 4,4-7
Evangelium: Lk 2,16-21

Mit der Flamme am Strohhalm – entzündet an der Krippe – durchs neue Jahr

Liebe Christen: Die Hirten gingen von der Krippe zurück zu ihren Herden. Freudenlieder tönten durch ihren Alltag. Dem jungen David guckte ein Strohhalm aus der Hirtentasche. Ein Kamerad rupfte ihn heraus zum Wegwerfen. „Halt!", sagte David, „der Halm ist ein Andenken von der Krippe. Ich will ihn in einsamen Stunden in die Hand nehmen und denken: Das mit dem Kind ist wahr." Die andern schüttelten lachend den Kopf. Nach Tagen fragte einer: „Hast du den Strohhalm noch?" „Natürlich!" – Behutsam holt er ihn aus der Jacke. Der andere spottet: „Hör auf mit diesem Blödsinn!" Er greift nach dem Halm, zerknüllt ihn und wirft ihn weg. David aber holt sein Kleinod, streicht es glatt und sagt: „In jedem Knick ist deine Wut sichtbar, doch der Strohhalm ist geblieben, was er war. So ist es auch mit dem Kind, das wir gesehen haben. Es bleibt für uns, was es ist!"

Ein Strohhalm vermag Menschen in Schrecken zu versetzen. Eines Nachts fängt solch ein Halm Feuer und setzt ein Haus in Brand. Die Flammen schießen durch die Fenster und lecken aufwärts. Eltern und Kinder stürzen aus dem Haus. Plötzlich bemerkt die Mutter, dass ihr Fünfjähriger fehlt. Er floh in das obere Stockwerk. Hilflos schauen sich alle um. Sich in den Glutofen wagen, ist glatter Selbstmord. – Fensterscheiben klirren durch die Hitze. Auf einmal wird der Kleine hinter einem Fenster sichtbar und schreit: „Hilfe, Hilfe!" Beruhigend ruft sein Vater: „Vinzenz, spring!" Das Kind sieht nur Rauch und Flammen. Es hört die Stimme von unten und schluchzt: „Vater, ich sehe euch nicht!" Dieser ruft hinauf: „Ich sehe dich, bin unter dem Fenster und fange dich auf!" Vinzent sprang zögernd und landete in Vaters Armen. – Der Strohhalm ist nicht mehr, was er war. Auch der Kleine ist nun mehr, als er war.

Heute, am Neujahrsmorgen, ist unsere Situation mit der des Vinzenz vergleichbar. Nebel umhüllt das Tal des neuen Jahres. Wir sehen nicht, wohin wir gelangen. Gott, der uns ruft, hören wir zwar, doch wir können ihn nicht sehen und verstehen. Er sieht uns, und so dürfen wir den Sprung ins neue Jahr mutig wagen. – *In seinen auffangenden Armen bleiben wir nicht, was wir sind.* Wir sehen das Licht der Tage, sodass wir die Menschen um uns richtig erkennen. Manchen können wir Hilfe stehen beim Springen. Bei andern bleibt uns nur ohnmächtiges Zuschauen. Gott aber sieht auf alle mit voller Aufmerksamkeit und vermag jeden Menschen aufzufangen. Er zwingt niemanden. Wer im Geist der Liebe ins Ungewisse springt, wird von der unwandelbaren Güte aufgefangen. – Im stehenden Vater und springenden Kind erkennen wir die wahre

Einheit. Vinzenz springt dorthin, woher die Stimme kommt. Wenn er den Kopf verliert und die falsche Richtung nimmt, kann ihn der Vater nicht auffangen. – Auch wir gelangen nur zu Gott, wenn wir nichtssehend seiner Stimme folgen. Sie bietet sich an in verschiedenen Stimmlagen: Durch das Urgewissen, durch weise, gütige Menschen. Vor allem ist die Hl. Schrift Richtung gebend. *Gott ruft so, dass wir ihn in jeder Lage und Distanz richtig verstehen können.* Die Entscheidung liegt bei uns: Die Stimme zu überhören oder sich ihr zu öffnen – sich langweilend, die Gelegenheit zu verpassen oder den Sprung sogleich zu wagen. Nur der Hl. Geist kann uns durch den langweiligen Nebel und die Kurzweil, welche im Glanz der Sonne dargeboten wird, durchs neue Jahr führen. *Gott sieht und hilft, aber er tut es nicht allein.* Wir dürfen Mithelfende sein. Mit den Augen Jesu sehen wir auch die versteckte Not der andern. Seine gütige Hand streckt sich durch unsere den Mitmenschen entgegen. Er bewegt unser Herz zum „Glück auf" am Neujahrsmorgen. Im Herzen entscheidet sich die Echtheit guter Wünsche: Ich will den Sprung ins Ungewisse mit dir wagen, werde deinem Auge begegnen und erahnen, wie's dir geht. Herz und Hand sind zum Helfen bereit. Ich weiß, dass du mir gut bist. – Manchmal verlassen wir die eigenen vier Wände der Einsamkeit, um uns in Zweisamkeit dem Raum ohne Wände zu öffnen.

Liebe Schwestern und Brüder! Ein Strohhalm von der Krippe, den wir miteinander berühren, genügt, um die guten Wünsche zu entzünden. Wer den Sprung aus der Gefahr in die mütterlichen Arme Gottes wagt, ist gerettet. Christus möge unser Herz so entzünden, dass es erkennt,welcher Ruf von Gott kommt. – *Wie die Hirten, verlassen wir die Krippe.* Den Schritt ins neue Jahr wagend, erahnen wir Freud und Leid, wollen, gleich Maria, Weihnacht im Herzen bewahren. Dann haben wir genug für die hellen Tage und dunklen Nächte. – Der Name Jesus sei gepriesen. In seinem Licht sind tausend Jahre erhellt wie ein sonniger Tag. „365 mal zünd an in uns des Strohhalms Licht, gieß Lieb' ins Herz, die ihm gebricht, jetzt bis in Ewigkeit."

Hochfest – Erscheinung des Herrn
Lesung: Jes 60,1-6
Evangelium: Mt 2,1-12

Vom Beruf als Sterndeuter zur Berufung durch den Stern

Liebe Christen! Die drei Weisen deuten den Stern, jeder für seine Richtung. Ohne sich zu kennen, sind sie gemeinsam unterwegs. Jeder kommt aus seiner Vergangenheit: Kindheit, Elternhaus, Beruf und Berufung. Irgendwo führt sie der Stern zusammen. Jetzt geht's miteinander weiter. Ihre Gemeinschaft wird gefestigt, aus Erkenntnis fruchtet die Haltung. Wohin du gehst, da gehe auch ich – Reisebeschwerden wecken die Bereitschaft, einander zu helfen. Sowie Betlehem in Sicht ist, erkennen alle: Das ist der Ort unserer persönlichen und gemeinsamen Heilsgeschichte. *Sie sind die ersten aus den Völkern, die nicht zum Volk Jahwes gehören, aber auf der Suche sind.* – Die Bewegung Gottsuchender ist heute so wie damals. Das 2. Vatikanische Konzil umschreibt dies mit Worten wie „Kirche als wanderndes Gottesvolk und Urbild unseres Weges durch das Leben".

Die drei damals waren Sterndeuter von Beruf. Am Arbeitsplatz entdeckten sie das seltsame Zeichen am Himmel. Ihm wollen sie nun auf die Spur kommen. Das Morgenland verlassend, ändert sich ihre irdische Laufbahn himmelwärts. So treffen sich die vom Morgenland und wir vom Abendland bei Jesu Bergpredigt „Suchet zuerst das Himmelreich". Gott führt – damals wie heute – durch den Stern. Rückblickend stellen wir so manches Ereignis fest, das neue Orientierung bietet – vorab Menschen, die wir treffen, mit denen wir Gemeinschaft erhalten.

Die Weisen erreichen Jerusalem. Sie begegnen einer gut durchdachten religiösen Organisation. Jeder Mensch, der Christus sucht, begegnet früher oder später andern, die mit ihm ein Jerusalem suchen. – *Damals erlebten die drei Jerusalem zunächst als den Ort der Enttäuschung.* Da waren Strukturen der Macht und Intrigen. Ihre Unternehmungsbegeisterung wurde empfindlich gedämpft und erprobt. – Jerusalems, die enttäuschen, gibt es auch heute: Macht, Intrigen und Verblendung sterben nicht aus! – Die drei stellten fest: Der Gang nach Jerusalem war notwendig – die Verblendeten von dort erschlossen die Weisheit von oben. „Hätten wir Weisen Jerusalem umgangen, wären wir nicht nach Betlehem gekommen." – So sind bis heute die Stationen der Heilsgeschichte oft unheilvolle Orte. Unser Jerusalem heißt heilige Kirche, doch befinden sich in ihr Forschende, die tun, was sie nicht tun sollen. Trotzdem ist sie das Licht, welches ins Abseits heutiger Betlehems leuchtet.

Die vom Morgenland kommen mit Gold, Weihrauch und Myrrhe – wohl Kostbarstes aus ihrer Heimat. So treffen sich Morgen- und Abendland mit den Gaben der Gottesbegegnung: Gold ist die wertvollste Anlage; Weihrauch ermöglicht das Gespräch mit Gott: Wie Weihrauch steigen meine Worte zu Gott; Myrrhe symbolisiert die Last des Lebens – zugleich ist sie freundliche Einladung näherzutreten. – *Die drei Weisen sind klug genug, die Geschenke durch Mutterhände zu überreichen.* Maria kennt den neugeborenen König am besten. – Was die Weisen erkennen, gilt auch heute: Durch Maria zu Jesus. Da unsere Geschenke ihre Hände füllen, legt sie das Kind gewiss in deine und meine Arme.

Die an der Krippe noch weiser gewordenen richten unsern Blick auf den Heimweg. Sie kehren nicht mehr nach Jerusalem zurück: Herodes wird seine dunklen Wege gehen und die heutigen Pseudoweisen mit ihm. Die drei laden

uns ein: Sucht, wie wir, auf der Wanderschaft Gottes Nähe! – Erleichtert
entschwinden sie Richtung Morgenland.
   Liebe Schwestern und Brüder! Jeder Mensch will nach Hause. Die Stunde
der Hochstimmung in Fest und Feier stärkt für den Weg. Es geht in den grauen
Alltag des Abendlandes – dem Ort der Bewährung. – *Die drei damals gingen,
wie wir nach der Eucharistiefeier, mit dem Wort: Gehet hin in Frieden.* Wer
Gott sucht, hat keine Bleibe. Es zieht ihn zu den Menschen in Not zwischen
Krippe und Kreuz.

Fest Taufe des Herrn
Lesung: Apg 10,34-38
Evangelium: Mt 3,13-17

                                                            Die zweite neue Welt

Liebe Christen! Märchen bewahren ihre Faszination durch das Unerwartete. –
Ein Mädchen tastet mit seinen kleinen Fingern die fein geschnitzte Verzierung
einer Wand ab. Plötzlich geschieht das Märchenhafte „Auf einmal": An einer
Druckstelle flammt ein Funke auf. Ein helles Licht zeigt die Umrisse einer
großen geschnitzten Tür. Wie diese sich öffnet, bleibt dem Mädchen der Mund
offen. Es blickt durch die Spalte in eine neue wunderschöne Welt hinaus – zu
ihr führt ein Weg. Da stammelt das Kind; Das ist ja ein Paradies! – *In solchen
Märchen sind stets kluge Menschen mit außergewöhnlichen Fähigkeiten in
Aktion: Sie öffnen verschlossene Türen, treten in Kontakt mit anderen Welten
und überirdischen Wesen.* Sie scheinen die Macht zu besitzen, welche die träge
Erde des Alltags auf die Seite schiebt und eine neue Welt als verbesserte
Auflage präsentiert.
   Ein märchenhaftes Mysterium über der Alltagserde bietet sich uns heute
wieder: Auf einmal öffnet sich der Himmel. Der Unterschied zwischen dem
„Auf einmal" der Märchen und dem in der Jordantaufe liegt beim außerge-
wöhnlichen Geschehen und der Person Jesus. Die Schilderung des Ereignisses
ist jedoch der Märchenwelt und dem Zauber näher als greifbare Realität. Mit
dem geöffneten Himmel öffnet sich uns eine andere Welt. Wir ahnen deren
Zauber ohne mit Gewissheit sagen zu können, dass diese andere Welt existiert
– mit der sich ein innerlicher Kontakt ergeben kann. – *Jesus begibt sich mit den
Vielen an den Fluss Jordan.* Dort lässt er sich von seinem Jugendfreund und
Verwandten Johannes taufen. Offen bleibt das WIE der Taufe Jesu. Was sich
unserer Vorstellung bietet ist ein Fluss und deren Ort des Geschehens. Wer
seiner Phantasie gern freien Lauf gewährt, sieht sich mit Lust ins Wasser
steigen. Besondere Gefühle steigen auf: Die Strömung steigert den Widerstand
oder gibt ein Empfinden der Schwerelosigkeit. Im Hineintauchen bohrt sich

ein Loch zum Wiederauftauchen. Die Strömung erfrischt beim Übergossenwerden, und beim Tauchen ist das Ziel letztlich wieder aufzutauchen. Die elementare Wirkung des Wassers verbindet uns mit einem Lebensstrom: Es dringt in unser Innerstes und setzt alles in Bewegung.

Wie bei Jesus, passiert auch mit uns einiges beim Eintauchen in einen Fluss. Es ist so persönlich, dass die Wassererfahrung geheimnisumhüllt ist. Bei Jesu Wasserereignis heißt es bloß: Johannes gibt Jesu Wunsch nach. Sobald Jesus aus dem Wasser steigt, ist „der Himmel los": Dieser öffnet sich ohne Zögern. Der Geist schwebt der Erde zu – direkt auf den vom Vater geliebten Sohn (vgl. Mt 3,16).

Jesus bezeugt am Jordan: Begegnung mit dem Wasser ist eine Begegnung mit Gott. Er zeigt, wie dieses Begegnen stattfindet: Indem er eintaucht ins Wasser, taucht er ein in Gott. Von diesem Eintauch-Wasser bietet er uns an. – Jesus bittet einen Menschen um die Taufe und erhält zugleich den Schlüssel, um den Himmel zu öffnen. Damit wird die Taufe für uns ein Schlüssel zu einer andern Welt. – *Die Türe, welche sich da öffnet, ist vergleichbar mit jener Tür im Märchen.* Der Geist dringt ein in den Sohn – das heißt, eine andere Welt – der Himmel – berührt die Erde. Energie aus einer andern Welt erfüllt den Körper eines Menschen aus Fleisch und Blut. Die Kraft des Himmels bewirkt, dass Jesus sich in seinen Auftrag hinein bewegen darf. So beginnt ein Werk, in dem alles, was Menschen versuchen, vergöttlicht werden kann. Der Abschluss des Geschehens ist eine Stimme. Diese spricht direkt aus dem Himmel: „Das ist mein geliebter Sohn, an dem ich Gefallen gefunden habe" (vgl. Mt 3,17). – War es eine klangvolle Stimme? Wirkte sie erklärend wie eine Proklamation? Tönte sie laut und gut artikuliert, selbst für Schwerhörige verständlich? – *Der Inhalt der Worte ist eine Liebeserklärung Gottes an einen Menschen.* Jesus erfährt ein sanftes Berührtwerden in den Worten seines Abba.

Liebe Schwestern und Brüder! Was seine Stimme aussprach, verwirklicht sich im Leben des Menschen. So vieles ist möglich und anderes wird mit der Zeit ermöglicht – im Laufe von gestern, heute und morgen. Der Mensch trägt die Sehnsucht nach einer zweiten Welt mit sich und entdeckt diese mit der Zeit in sich. Er wird eingetaucht in sein Innerstes und taucht auf in Gott. So wird aus Begegnung innigste Beziehung. Gott und Mensch bilden im Geist einen Himmel, der die Erde bewohnt.

Osterkreis

Erster Fastensonntag
Lesung: Gen 2,7-9; 3,1-7
Evangelium: Mt 4,1-11

Staunen – ob des Zaubers

Liebe Christen! Jesus – alles kann er, will aber manches nicht! – Staunend und aufatmend stellen wir fest: Er will versucht werden, verlangt danach ganz Mensch zu sein und zu beweisen, dass Versuchtwerden zum Mensch-Sein gehört. Als Versuchter wird Jesus uns sehr vertraut – menschlich nahe, tröstend, weil wir Versuchungen erliegen. *Gleich verschiedensten religiösen Gestalten, begibt sich Jesus vor Beginn seines öffentlichen Auftretens in die Wüste* – wie dies Buddha, Elija, Johannes der Täufer, Mohammed taten. In der Einsamkeit lernen sie in allem Gott bei sich zu wissen – lernen das Ringen mit dem Feind Gottes.

Jesus nimmt den Kampf mit dem Versucher auf, nur von den Dingen dieser Welt zu leben. Zunächst geht es um sogenannt tote Materie – Steine sollen zu Brot werden. Die Versuchung ist zu vergleichen mit Kompensieren. Einem Einkaufsrausch folgt die Ernüchterung und der Einkaufbummel wird mit bitterem Nachgeschmack verwürzt. Gott will nicht, dass sein Sohn ein Wunder für sich wirke, auch nicht um seinen Hunger zu stillen. Er ist ganz für die andern da, sättigt auf verschiedene Weise. *Dann gilt der Kampf der Versuchung nach Anerkennung:* Die Provokation zum Tiefsturz von der Zinne des Tempels. Die Versuchung ist raffiniert und verlockend. Eine Show soll demonstriert werden – die Leute, vom Fliegesturz entzückt, in Bann geratend. Jesus im Tiefflug gliche damit einem Gast bei „Wetten dass". Ein Idol, ein Star präsentiert sich meist als faszinierender Götze. Jesus will nicht ein Superstar sein. – *Bei der dritten Kampfansage setzt der Vater der Lüge zum raffiniertesten Versucher-Schachzug an.* Der Lüge-Teufel verspricht etwas, was ihm in keiner Weise gehört. Er verlangt, was nur Gott gebührt: Macht über die Reiche der Erde will er schenken und als Dank dafür einen Kniefall in Anbetung und Unterwerfung. – Viele Märchen schildern diese Verführung als Seelen-Verkauf des Menschen an den Teufel – mit schlimmsten Folgen. Ein sich verkaufender Prinz hat sozusagen alle Macht auf Erden und berührt sogar den Himmel, ist jedoch des Beelzebub Spielball. Jesus entlarvt den Lügner: Ich habe bereits vom Vater der Wahrheit alle Macht des Himmels und der Erde – du Lügner kannst mir Macht weder versprechen noch geben.

So zeigt sich am Ende von Jesu Fastenzeit ein Sieg im Kampf gegen Gedanken und Wünsche – das Fasten als Bewähren in der Versuchung durch den Teufel. *Teufel heißt griechisch „diabolos" und zu Deutsch „Durcheinanderbringer", einer, der Dinge oder Menschen auf den Kopf stellt.* Das tut er in einer unheimlichen Heimlichkeit, mit einer Stimme, die voll zum Hinhorchen bewegt oder, wenn nötig, mit herausforderndem Ton. – Ein Fasten, das Gott gefällt, übt, wer auf solch schlaues Eingeben und Einreden nicht mit Ausreden reagiert, sondern Dinge und Menschen durchschaut, die uns den Kopf verdrehen wollen.

Jesus macht das Fasten schmackhaft durch wichtige Würzemittel. Auf bagatellisierendes Ausredegeflüster antwortet er mit klarer Gegenrede. Teuflische Eingebung klärt er mit „In der Schrift steht . . .". Das Wort Gottes wirft den Durcheinanderbringer hinaus. Der Versucher ist besiegt. Das Fasten, wie es Gott gefällt, wird genießbar. Dieser Genuss liegt im Auftrag Jesu um die Welt zu würzen: Vom konkreten Leben Jesu in der Wüste bis zu Wüstentagen in der Moderne. Die Wüstenarbeit beginnt beim Denken. Dem Versucher ist sehr daran gelegen, schwarze Gedanken zu servieren – eben als Durcheinanderwerfer. Wer gute Gedanken speichert, hat Vorrat und kann daraus seine Worte wählen. Aus dieser Auswahl ergibt sich spontanes Handeln. Wo Gottes Güte die Personmitte ausfüllt, sind die Werke in Gott getan in einem Fasten intimster Beziehung mit spontansten Stoßgebeten.

Liebe Schwestern und Brüder! Jesus will die bitter-süße Fastenkost des Durcheinanderbringers für uns schmackhaft zubereiten. Er versichert uns den Beistand, den Hl. Geist, wenn wir nicht klar erkennen, wo wir Versuchungen erlegen sind. Darum erweist sich unsere Ein- und Umkehr als richtig und logisch im Bekenntnis: „Ich habe gesündigt in Gedanken, Worten und Werken". Wo wir im Gehirn nur guten Gedanken Raum gewähren, verlassen geläuterte Worte den Mund und die Hände greifen nach Werken, die Gott gefallen und Menschen zum Mitwirken einladen.

Zweiter Fastensonntag
Lesung: Gen 12,1-4a
Evangelium: Mt 17,1-9

Durchblick und Durchsicht vom Diesseits ins Jenseits

Liebe Christen! „Die oder der hat Durchblick – weiß, wo es langgeht." Solch eine Bemerkung erhöht das Image des Betreffenden: Studieren begeistert, Geschäftsleben wird angekurbelt, Aufgaben bewegen zur Hingabe. Durchblickhabende erkennen Zusammenhänge und verstehen zu verbinden; sie beurteilen Situationen klug und ziehen einleuchtende Schlüsse. Durchblickende

Menschen befreien Chaoten aus ihrem Chaos und bewegen Versagende so, dass sie sich entfalten zu solchen, die auch einmal das Sagen haben – bewegen sich zu Aufblick und Aussicht. – *Dies bietet der Berg der Verklärung.* Auf ihn begibt sich Jesus mit den zwei Brüdern Johannes und Jakobus sowie dem Sprachrohr Petrus. Eine herrliche Aussicht führte sie zu völlig überraschendem Durchblick. Jesus gibt sich durchlässig. Den Dreien bleibt der Mund offen: So verklärt haben sie ihren Herrn noch nie gesehen. Er steht – wie sie – auf dem Boden der Realität, doch seine Gestalt ist jenseits der Wirklichkeit, nicht erfass- und kartographierbar. So gleicht die Augenblickserfahrung einem Zustand der Ewigkeit. – *Die Vergangenheit wird Gegenwart durch Mose und Elija, den zwei Großen vom Alten Bund.* Die drei Zeugen des Neuen Bundes holen die Zukunft in die Gegenwart. Der die Gegenwart ausmachende Christus holt die Ewigkeit in die Zeit und wird durchlässig für einen Blick in die Ewigkeit.

Die Ewigkeits-Erfahrung will festgehalten werden im „Hüttenbauen". Kein Wunder, dass Petrus gleich drei bauen will und die andern beiden sollen mit dem Hütten-Projekt einverstanden sein. Das naiv scheinende Petrus-Vorhaben entspricht voll dem Taborereignis, welches zu den Konzentrationspunkten des Werkes Jesu gehört. Zeit und Ewigkeit gehen so ineinander über, dass die Zeit stillsteht und der Raum des Diesseits offen ist für raumlose Ewigkeit. – *Werfen wir zunächst einen Blick in die Tabor-Aussicht:* Herrliches ins Blau des Horizonts mit dahinziehenden weißen Wolken. Wenn sich der Blick senkt – so weit das Auge reicht, sieht es sich satt an der fruchtbaren Ebene. Oben bietet sich immer mehr Aussicht an. Sie befreit und öffnet für tiefere Einsicht und bereitet für das Gipfelerlebnis: Durchblick in die Personmitte Jesu als Mitte des Universums, Mitte der Erde und des einzelnen Menschen.

Um Ihn als Mitte zu erreichen, benötigen wir mystische Erfahrung auf dem Weg nach innen. Wer göttliche Tiefe erfahren will, muss den Weg mühsamen Aufstiegs unter die Füße nehmen, denn beim Aufstieg mit Jesus wird Einstieg in ihn erfahrbar: Verklärung meint einen Durchblick ins Geheimnis Gottes. Mystikerinnen und Mystiker, welche alle Zeiten durchwanderten, kennen nur den einen Weg: Aufstieg mit Christus und auf dem Berg der Aussicht den Durchblick von der Mitte der Zeit in die Ewigkeit. Der Petrus-Wunsch zum Bleiben steigt jedem zu Kopf. Doch Zeit und Raum bewegen zum Weiterwandern in neue Erfahrungen, neue Ein-, Aus- und Durchblicke. – *Wenn der diesseits Lebende einen Durchblick ins Jenseits erfährt, wird er dadurch im Einerlei des Alltags getragen und trägt mit am Schicksal anderer.* Das edelste Lob, das Menschen einander austeilen, lautet: Sie oder er hat einen klaren Durchblick – einen Blick mit Jesus, welcher Alltagserfahrungen verklärt. So gesehen ist Tabor nicht ein Ort, sondern ein Zustand. Tabor ist da, wo die Schönheit der Schöpfung den Blick öffnet für die erlösende Mitte Jesu. So ereignen sich Aufstiegs-Momente des Lebens durch ihn, der vorausgeht und immer ein „Mehr als" gibt an Möglichkeiten von Aussicht und Einsicht. Auf dem Gipfel ereignet sich in jedem Leben der Durchblick in die Verklärung. Das Glück seiner menschlichen Anwesenheit öffnet das innere Auge für das Glück seines Wohnens in uns.

Liebe Schwestern und Brüder! Das Miteinander der Taborbesteigung öffnet unser Inneres dazu, persönliche Erfahrungen zu machen, diese auszutauschen. Bei jeder Rast wird das Miteinander verwandelt durch „die Mitte", den voransteigenden Jesus. Er zeigt, wo es langgeht. So wird durch ihn das Diesseits ins Licht des Jenseits getaucht und jede Aussicht führt zur Einsicht. So wird aus dem Berg mit Aufstieg *Durchblick* in die Mitte des Kosmos, Mitte der Erde und Mitte des Menschen. Unsere Zeit bewegt sich hin zum Durchblick – mit den Wohin von Karl Rahner: Der christlich Lebende der Zukunft ist der mystische Mensch: Der Mensch, der nach innen schaut und nach innen geht.

Dritter Fastensonntag
Lesung: Ex 17,3-7
Evangelium: Joh 4,5-15.19b-26

Gott hört lieber Murren als resigniertes Verstummen

Liebe Christen! Wir benehmen uns im Anklopfen und Warten auf Gott oft zu vornehm und zurückhaltend. Wenn wir zu ihm eintreten und mit ihm sprechen, sind die Worte gekonnt gewählt: Erregung liegt nicht drin. Die Dinge brennen zwar unter den Nägeln, doch – wie kann sich Gott dafür erwärmen? So gesehen ist Gott höchste Instanz und einsame Spitze. Nähertreten geschieht mit Respekt und Vorsicht. Diese Art des Umgangs mit Gott ist moderner Fortschritt mit Rücktritt. – *Gemäß gehörter Lesung pflegte Israel einen andern Umgang mit Gott:* Das Volk fiel mit der Tür ins Haus. Es klagte ihn an und schimpfte: Dir verdanken wir das Austrocknen der Wüste! Sorge für Wasser, du ohnmächtiger Gott!, murrten die in Zorn und Selbstmitleid Entbrannten. Gott lässt sich „herunterholen". Er rügt: Wo ist euer Vertrauen? Warum klagt ihr mich an vor der Zeit? – *Gott und Israel zählten aufeinander.* Das Volk wusste, Gott zeigt nicht die kalte Schulter und geht auf Distanz. Zweifeln und murren waren wie ein Heimweh nach seiner Liebe. Darum genügte ein Schlag an den Felsen, und schon strömte das sie am Leben erhaltende Wasser.

Bei der Begegnung Jesu mit der Frau aus Samaria (Joh 4,5-42) verschob sich der Dialog bereits. Jesus ergriff die Initiative: Er bittet sie um einen Trunk. Die Frau kann ihm das alltägliche Trinkwasser geben. Für sie ist dieser Jesus ein merkwürdiger Jude – einer, der sich zu ihr herablässt, mit ihr als Samariterin spricht. So begreift sie nicht, was Jesus will. Sie bleibt auf der Ebene des

Handgreiflichen – der Sorge um das tägliche Trinken. – *Jesus wählt den Ort der Begegnung.* Er hilft der Frau zu einem Blick in ihr natürliches Leben: Sie erkennt Versagen und Schuld und ist froh, dies aussprechen zu können. Sie wird ganz Ohr für den Messias, den sie vor sich erkennt. Ihm stellt sie Fragen, die sie bis anhin verdrängt hat: nach Gott, dem rechten Beten, dem erwarteten Messias. Jetzt redeten der Gott Israels und seine Tochter nicht mehr auf zwei Ebenen. Die Frau verstand und eilte mit der neuen Botschaft in die Stadt.

Sind wir bereit für den Dialog auf der gott-menschlichen Ebene? Wir befinden uns nicht auf der Durststrecke von Meriba. Auch das Wasser aus dem Jakobsbrunnen fließt bei uns in der Wohnung. Wer aus Bequemlichkeit den Hahn nicht öffnet, kann Gott dafür nicht verantwortlich machen. Besteht bei dieser Unabhängigkeit nicht die Gefahr, dass wir die Stimme überhören: Wenn du wüsstest, wer zu dir spricht, würdest du mich um lebendiges Wasser bitten. Ich würde dir helfen, Zweifel zu überwinden, Vertrauen wecken, deine Sehnsucht nach Vereinigung stillen. – *Wo dies möglich ist, besteht nicht die Gefahr, dass Jesus und wir aneinander vorbeireden, wie die zwei – anfänglich – am Jakobsbrunnen.* Wir merken, wenn wir am Verdursten sind und bitten sogleich: Gib mir zu trinken.

Liebe Schwestern und Brüder! Jesus sitzt solange am Jacobsbrunnen, als Menschen kommen um Wasser zu schöpfen. Wer erstaunt ist, dass er es ist, der bittet: „Gib mir zu trinken", dringt in die Tiefe des lebendigen Wassers. Jesus sucht Bereitschaft zum Glauben und Vertrauen. Er müht sich um uns, wie nur ein Gott dies kann. Wir sollten uns oft sagen: Ich habe Durst! So überhören wir nicht: Komm und trink mich in dich! – *Der ferngewordene Gott fließt dann in unsere Nähe, seine Nähe wird zum Naheliegendsten.* Das Gespräch mit Jesus am Jakobsbrunnen möge zum täglichen Bedürfnis werden.

Vierter Fastensonntag – Laetare
Lesung: 1 Sam 16,1b.6-7.10-13b
Evangelium: Joh 9,1-41

Wenn Blinde sehen und Sehende blind sind

Liebe Christen! Als ich erstmals einem Blinden begegnete, traute ich meinen Augen nicht: Der Mann um die Dreißig ging allein und zielstrebig auf einer Verkehrsstraße. Sein weißer Stock war ihm Wegweiser. Schräg vor sich haltend, schwenkte der Blinde ihn vom Randstein über den Asphalt und zurück. So lief er sicher und ziemlich schnell immer ca. 50 cm von den Randsteinen entfernt. Beim Sichkreuzen erwiderte er meinen Gruß freundlich lächelnd. – Welch unnachgiebiges Üben benötigt solch ein vom Schicksal ins Dunkel versetzter Mensch! – *Auch der Blinde, den Jesus sah, hatte bereits eine lange*

Tastreise zurückgelegt. Blindsein bescherte ihm einen unansehnlichen Namen: Bettler. Wohin er sich auch begab, er war buchstäblich ohne Aussicht und Zukunft. Jesu Augen waren dahin tiefsehend, dass sie den innern Augen des Blinden begegneten. Er tastete sich an diese unsägliche Not heran, half handgreiflich mit dem gekneteten Brei die Augen bestreichend. Statt in Vollmacht zu sagen: „Sei sehend!" schickte er ihn die Augen zu waschen. „Was soll das?", wird's im Kopf des Blinden hochgestiegen sein. Beim Waschen fiel es wie Schuppen von seinen Augen. – Sein Sehend-werden geschah nicht passiv. Im persönlichen Handanlegen erfuhr er sich als Subjekt, beteiligt am Wunder.

Derweil der von Geburt an Blinde die Augen öffnet, schließen Sehende die Ihren. Er sieht sich im Kreuzfeuer heftiger Auseinandersetzungen. Die eigenen Eltern geraten in die Klemme und ziehen sich zurück. Lieber verzichten sie auf die Verteidigung ihres Sohnes, als durch das Bekenntnis zum Wundertäter von der Synagoge ausgestoßen zu werden. Sie wünschten sich, ihr Kind wäre blind geblieben, so hätten sie ihre Ruhe. Bei den Nachbarn gerät der Glaube ins Schwanken; die Pharisäer täuschen zunächst sich selbst und versuchen mit allen Mitteln ein Täuschungsmanöver zu inszenieren. Der sehend Gewordene darf die Synagoge nicht mehr betreten. Doch dieser hat die Synagoge bereits in sich. Er blickt aus seinen Augen in Jesu Augen.

Irgendwie leiden auch wir an Augenschwäche. Gemeint ist mehr die Sehschwäche des Herzens. Wie jene damals, gehen wir mit offenen Augen an jemand achtlos vorüber. Dieser Jemand sitzt in innerer Dunkelheit und wartet auf ein Augenpaar, das sein Dunkel erkennt und teilnehmend ausleuchtet. Jesu Verhalten belehrt uns: Blick dorthin wo du lieber wegsehen würdest – stelle die Blende ein wo du lieber ausblenden möchtest. – *Wozu die Mühe auf dem Weg zum Teich Schilóach um sehend zu werden?* So manches lässt sich unterwegs entschleiern aus Blindsein und der Dunkelheit. Am Teich Schilóach erwartet ihn Jesu Wunderkraft mit der Fülle des Lichts.

Wer sich mit diesem Licht auf den Weg macht, geht Verpflichtungen ein. Halte ich aus, was alles ins Licht rückt in mir? Das innere Auge durchleuchtet Dunkel und Sehnot der Mitmenschen. Bin ich bereit, Lichter anzuzünden und Herz und Hände zu reichen? Hüte ich mich, andern zu zeigen, dass ich für dieses und jenes sehend geworden bin – aus Furcht vor deren Reaktion? Damals wie heute sind manche, die scharfes Zusehen behaupten, mit Blindheit geschlagen. Sie können recht unbequeme Hellseher werden – große und kleine Unheilspropheten, Terroristen, die sich und andern das Leben vernichtend, ihren Himmel offen sehen, – Stars, die nur den Glanz erblicken, zeigen und so verführen. So gesehen sind heutige Pharisäer mit Scheinwerfern und innerer Blindheit quicklebendig. – *Fastenopfer und Brot für alle blicken risikofreudig ins öffentliche Antlitz, versuchen Dunkel und Blindsein zu verscheuchen mit einem Slogan wie „viele Stimmen – eine Welt".* „Blinde" erkennen die eine

Welt nicht. Die alt gewordene Frage polieren solche Menschen stets auf: „Wer hat gesündigt? Er selbst? Oder haben seine Eltern gesündigt, dass er blind geboren wurde?" (Joh 9,2). Die Sünde wurzelt in einseitigen Behauptungen wie, die ärmeren Länder seien selber schuld, sie arbeiteten zu wenig hart, hätten zuviele Kinder, seien abergläubisch und ihre Politiker korrupt. Auch Nah-Not-Seher sind oft mit Blindheit geschlagen bezüglich des Nachbarn oder der Nachbarin, welche ihre Not verschämt verstecken. Sie wird übersehen.

Liebe Schwestern und Brüder! „Viele Stimmen – eine Welt"; viele Augen, eine Aussicht oder Einsicht! Jesus, das Wort, das Fleisch geworden ist, ist die Stimme der einen Welt. Seine Worte machen uns Mut sehend zu werden.

Fünfter Fastensonntag
Lesung: Ez 37,12b-14
Evangelium: Joh 11,3-7.17.20-27.33b-45

Knacke die Nuss des Lebens

Liebe Christen! Eine Frau, die sich ihrer Ausbildung gemäß im Bereich menschlicher Empfindungs- und Gefühlswelt bestens ausgerüstet hat – nennen wir sie „Marta von heute" – meint: Bei manchen Menschen stellen wir bereits in den mittleren Jahren fest, wie ihre Lebensaussicht Stück für Stück wegfällt. Die Freude als Licht des Lebens lässt Freudlosigkeit einziehen. Unsere Marta fährt fort: Über sie wird geflüstert: Diesen Schwarzseher hält nichts mehr im Licht des Lebens; jene Unantastbaren lassen sich am besten einbalsamieren. – *Statt den Stempel „Schwarzseher" aufzudrücken, gilt es, der Realität zu begegnen, welche Lebensfreude wirklich schenken könnte:* Die Umgebung sorgt wachsam „Hoffentlich tut sich die oder der kein Leid an". Wer um geistig und seelisch Erkrankte besorgt ist, hat stets auf der Hut zu sein, dass sein eigenes Licht der Freude nicht erlöscht. Wo Sterben und Vergehen die Hülle des Lebens ausmachen, gilt es eine harte Nuss sorgfältig zu knacken, damit das Innere des Lebens nicht verletzt wird – statt kapitulierend zu klagen: „Ich bin kein Nussknacker!" Ran an die leben-erstickende Nussschale des andern und du wirst selber neu belebt – selbst wenn du dir dabei einen Zahn ausbeißen könntest!

Eine solche Nussknackerin war die Marta von damals. Ihr Bruder Lazarus glich einer harten Nuss. Hoffnungslos verschlossen hatte er mit dem Leben abgeschlossen. Seine beiden Schwestern wussten keinen Ausweg mehr. – *Sie sind verzweifelt beim Bruder, den die Schatten des Todes einhüllen.* Jesus schockiert die zwei vertrauten Schwestern von Betanien. Er teilt ihre Meinung nicht, sein Freund Lazarus sieche dahin, – die Krankheit führe zum Tod. Meinung steht gegen Meinung – einer gegen alle die sagen: „Lazarus ist tot",

„er riecht schon". – *Ohne Abschiedswort hatte ihn sein Freund verlassen.* Diese harte Nuss vermag der Mensch Jesus allein nicht zu knacken. Jetzt verliert der Nazaräer die Nerven. Selbst zu Tode betrübt, weint er – das Innere fällt aus dem sonst so ruhigen Gleichgewicht. Dann wird er rot vor Zorn: Statt den Gott des Lebens zu preisen, tanzen Juden den Totentanz, begleitet von Trauerflöten und Klageliedern. Jesus ist innerlich erzürnt: Warum überlassen die meisten Menschen dem *Tod* das Leben? Alle sollen sich überzeugen, dass der Vater nie aus seinen Händen gibt, was diese zum Leben geformt haben. Vor aller Augen erhebt Jesus Blick und Stimme zum Vater: Jedes Ohr vernimmt seinen Dank für die Erhörungsgewissheit. Die göttlich-mütterlich-väterliche und erhaltende Liebe erfüllt Jesus derart, dass er von sich sagt: „Ich bin die Auferstehung und das Leben." – Er ruht in der Mitte jeder sterblichen Hülle und pulsiert als Herz des Lebens.

Marta ist Jesu direkte Glaubensbotin. Bevor er ihren Bruder lebendig macht, verlangt er Martas Bekenntnis: „Glaubst du das?" – Jesus fragt eine ihm trauende Person, wohlwissend, dass nur die wenigsten ihm alle Macht zugestehen. Martas Ja ist Voraussetzung dafür, dass die harte Nuss des Todes geknackt wird. Sie spricht stellvertretend für die Vielen. Hätte sie Jesu Frage mit Nein beantwortet, wäre Lazarus nicht mehr in die irdische Wohnung zurückgekehrt. – *Jetzt sollen die Leute Hand anlegen* „Nehmt den Stein weg". Dann ruft Jesus das Wort des Lebens in die Totenhöhle: „Lazarus, komm heraus!" Dieser torkelt daher als Mumie. Jesus verordnet ein weiteres Mittun: Das Entfernen der Leichentücher. Dann blicken die beiden Freunde sich im Licht des Lebens vor aller Augen an. Gott wird verherrlicht, indem sich Lazarus von der Grabeshöhle entfernt. Während die Leute staunend erstarren, wartet Jesus mit einer alle Vergänglichkeit auf die Seite schiebenden Offenbarung auf: „Wer an mich, die Auferstehung glaubt, ... der wird in Ewigkeit nicht sterben". Mit Tränen beklagt Jesus den Tod seines Freundes, seiner Freundinnen und Freunde aller Zeiten. Solange es Menschen gibt, durchtönt der Ruf das All: Menschenkinder, protestiert für das Leben – wisset Gott als treuesten Begleiter an eurer Seite. – Jesus garantiert dafür!

Wie Sterben ein langsamer Prozess des Loslassens ist, so geschieht auch Auferstehen bereits vor dem Grab. Wenn sich Merkmale des Todes abzeichnen, können wir durch aktives Ja zum Leben Auferstehen erarbeiten.

Liebe Schwestern und Brüder! Wer die Nuss knackt, sieht in ihr den Samen zum Leben. Das meint Auferstehen der Martas von heute mit dem Fastenopfer und Brot für alle. Die vielen Stimmen kennen die eine Sprache oder den einen Ruf: „Lazarus, komm heraus!", ein Ruf, der die ganze Welt erfüllt.

Gründonnerstag
Lesung: 1 Kor 11,23-26
Evangelium: Joh 13,1-5

Mehr als ein Vergiss-mein-nicht!

Liebe Christen! Es gibt eine Vergesslichkeit, die Menschen einander humor-
voll oder verstehend verzeihen. Sie bewegen sich in Feststellungen wie: Ich
habe unsere Abmachung verschwitzt . . . Ich sollte gratulieren oder kondolie-
ren – und vergaß es. Wer vergesslich ist, leidet selber am meisten darunter.
Wohl tut dann der Trost: „Vergessen ist menschlich." Fatal ist, wenn wir
Menschen vergessen, denen wir in Liebe verbunden wären – die uns beistan-
den, als wir nicht ein und aus wussten. Da warten Verliebte oder Eltern oder
auch Kinder vergeblich auf den Menschen, der fortging. – *Letztlich werden*
Menschen einander dann nicht vergessen, wenn sie sich von Zeit zu Zeit treffen
oder beieinander bleiben. Er, der bei uns bleibt, versichert: Wenn auch Vater
und Mutter dich vergessen – ich werde dich nicht vergessen (vgl. Jes 49,15).

Gott verpflichtet sich im Sinaibund und zieht sein Volk in diese Verpflichtung mit einer Gedenkfeier. Die Feiernden sollten bedenken, dass ihr Bestehen
als Gottes Volk nur im Gedenken möglich sei. In Deuteronomium meldet sich
Jahwe als Vater und Schöpfer und mahnt: Gedenket der Tage der Vorzeit, achtet
auf das, was vergangene Geschlechter erfahren haben (Dtn 32,7a). Solches
Mahnen wehte durch Israels Familien. Israel feierte seine großen Feste zum
Gedenken der Taten Gottes: Der „Ich bin der ich bin da" wollte das Volk nie
vergessen. Beim Paschafest erinnerten die Eltern ihre Kinder an den Auszug
aus Ägypten: Nur Jahwe hatte das Volk die Befreiung zu verdanken. Doch nach
Dtn 32,18 beklagt Jahwe die Vergesslichkeit Israels: „Du gedachtest nicht des
Felsens, der dich gezeugt, du vergaßest deinen Gott der dich schuf."

Jesus verpflichtet sich im Neuen Bund und zieht die Menschen mit einer
Gedenkfeier in diese Verpflichtung. Lukas und Paulus betonen den Auftrag
Jesu beim Einsetzungsereignis: „Tut dies zu meinem Gedächtnis" (Lk 22,19c;
1 Kor 11,24c). – Also, machen wir einen Knoten ins Taschentuch oder ein
Ausrufezeichen im Kalender – unterstreichen Jesu Namen, damit wir den
Auftrag nicht vergessen! – Wir merken sofort: *Bei der Eucharistiefeier geht es*
um mehr als um bloße Gedächtnisstütze. Es geht um persönliche Gegenwart. In
den Zeichen von Brot und Wein ist Jesus real gegenwärtig. Er ist gegenwärti-
ger, als wir einander oder uns selber gegenwärtig sind. – Wir liegen mit den
Getreuen Jesu gleichsam um den Abendmahlstisch und hören die Worte von
„jener Nacht, in der Jesus verraten wurde", lauschen, was Jesus spricht und
erleben mehr als Tuchfühlung, wenn er in uns Wohnung nimmt. Dieser
„Raum" verwandelt sich in das Obergemach. Was damals war, ist jetzt Ge-

genwart für uns. In dieser Stunde verteilt Jesus an seine Tischgemeinschaft die große Mazze – den ungesäuerten Brotfladen. Dabei weist er im Voraus auf seinen Tod. Diese seine Hingabe „teilt er aus" mit dem Wort: „Das ist mein Leib". Dann stößt er mit seinem Becher an und sagt: Zum Wohl! Dieser Wein ist mein Blut. – Zu eurem Wohl erleide ich das Weh. Beim Geschehen am Altar reicht Jesus sich selbst durch die Hingabe am Kreuz. In der Eucharistiefeier sind sowohl das Geschehen im Abendmahlssaal als auch das Ereignis auf Golgotha gegenwärtig.

Was das Gedächtnis von damals bis heute behält, ist Jesu Auferweckung und Auferstehung. Weil Jesus sich nach der Auferstehung in verklärter Leiblichkeit zeigte, wurden das Scheitern in Sieg verwandelt und resignierte Traurigkeit in bleibende Freude. Woran sich die Abendmahls- und Leidensteilnehmenden an Ostern erinnerten, das darf nie aus dem Gedächtnis der Menschen entschwinden. So ist denn jede Eucharistiefeier viel mehr als ein Erinnern: Beim Empfangen von Brot und Wein kehrt Christus selber in unser Herz ein und lenkt den Verstand zum Geschehen des Karfreitags. Damit wir nicht das Andenken eines Verstorbenen kultivieren, begegnet er uns bei jeder Eucharistiefeier als Auferstandener. Zu ihm dürfen wir in persönliche Beziehung treten. Bevor wir an Jesus denken, hat er an uns gedacht, bevor wir ihn empfangen, hat er uns empfangen.

Liebe Schwestern und Brüder! Der Abendmahl-Spender will Geschenk und Beispiel sein. Wenn wir sagen „Ich gedenke des Jesus", meinen wir zunächst: Ich danke ihm – wir nehmen das Geschenk, das Jesus selber ist, dankbar an. Seien wir ehrlich: *Es ist oft schwerer, ein Geschenk anzunehmen, als selbst etwas herzugeben.* Wir sträuben uns wie Petrus: Du, der Herr, mir die Füße waschen – das kommt niemals in Frage! – Wir dürfen aber nicht beim „Herr, ich bin nicht würdig . . ." stehen bleiben, wollen das Geschenk – Gott selber – trotz Unwürdigkeit annehmen. Dabei bleibt die Haltung Jesu eine Fußwaschende und die Beziehung zum Vater ein Dialog. Jesus schenkt uns ein „Vergiss-mein-nicht", wenn auch wir Füße waschend im Dialog mit ihm bleiben.

Hochfest der Auferstehung des Herrn – Die Feier der Osternacht

Lesung: Röm 6,3-11
Evangelium: Mt 28,1-10

Des Herzens Sehnen

Liebe Christen! Bernward Hoffmann stellt in einem Kanon fest: „Sehnsucht heißt das Lied des Menschen". Ist Sehnsucht Grundmelodie unseres Lebens? Sind wir um des Herzens Sehnen besorgt? – *Ja, wir kennen die Sehnsucht und sie darf nicht zugeschüttet werden von alltäglichen Verpflichtungen, Anforderungen gemeinsamen oder beruflichen Lebens, Erwartungen.* Sehnsucht meldet sich mit leiser Stimme des Herzens – dort pocht hämmernd die Sehnsucht nach Liebe, nach tiefen tragfähigen Beziehungen. Wo die Glut des Sehnens durch das Feuer der Liebe geschürt wird, entfacht sich die Kraft zum Wirken. Die Sehnsucht nach der Sehnsucht hat aufgelodert ins Sterben zur Fülle der Erfüllung. Den Weg zum erfüllten Sehnen bezeichnet Maria von Ebner-Eschenbach mit den Worten: „Nicht die sind zu bedauern, deren Träume nicht in Erfüllung gehen, sondern jene die keine mehr haben."

Dies klingt wie ein Alarm an die Kraft der Sehnsucht mit ihren vielen Stimmen – im Sehnen nach Freiheit, wie etwa bei der Französischen Revolution 1789 oder der „Wende" von 1989; Sehnsucht in der Schöpfung bei kleinen und großen Tieren mit ihren Tenor- und Basslauten. Alles, was lebt, durchdringt unstillbares Sehnen im Fernweh oder Heimweh. – *Oft ist der Mensch auf der Jagd nach „Verkürzen der Sehnsucht".* Die Beute bei diesem Jagen ist ein halber Himmel auf Erden. Das Sehnen bleibt dann auf der Strecke und kann sogar ersticken in irgendeiner Sucht. Statt mit der Aussicht auf ein Irgendwo, steht die Sehnsucht vor der Grenze ins Nirgendwo, und es summt im Herzen der Kanon: „Sehnsucht heißt das Lied des Menschen".

Die vielen Stimmen ermutigen mit Sehnsucht durch die Nacht in den Ostermorgen. Eine Nacht der Trauer war es gewesen, als Frauen ihren Tränen freien Lauf lassend, hinaus in den Ostermorgen eilten und sie ein leeres Grab angähnte. All ihre Sehnsucht schien nun begraben. Die letzte innerweltliche Tat war ihnen vergönnt: Den Leichnam ihres Meisters und Freundes einzubalsamieren. – *In dieses heiße Verlangen trifft sie die Stimme des Engels:* „Kommt und seht die Stelle, wo euer Jesus lag". Die Suchenden machten ihre letzte Grenzerfahrung beim Blick in die Nacht des Grabes. Statt Einbalsamieren eines Leichnams, erlebten die Frauen den Balsam sich allmählich erfüllender Sehnsucht – Sehnsucht nach einem Ostermorgen, der keine Nacht mehr kennt. – Ostern tagt, wenn die Sehnsucht nicht begraben wird.

Auferstehung ist da, wo gläubiges Wissen um Erfüllung jeglicher Sehnsucht weiterträgt bis hin zur Mitte. Jesu Grab ist die Mitte allen Lebens, Mitte der Materie, Mitte des Kosmos. Er ist eine mitgehende Mitte für jeden Menschen, mit dem er, Jesus, von Sehnsucht getrieben, unterwegs bleibt.

Liebe Schwestern und Brüder! Der Geist, der Jesus ins Leben erweckte, setzt zwischen dem Ich und Du eine lebendige Relation in Bewegung. So erfüllt sich Sehnsucht, in der Himmel und Erde einander umschlingen.

Hochfest der Auferstehung des Herrn – Am Tag
Lesung: Kol 3,1-4
Evangelium: Joh 20,1-18 (Joh 20,11-18)

Zwischen Glauben und Schauen

Liebe Christen! Maria von Magdala erreicht im Morgengrauen das Grab; sie möchte sich von Herzen ausweinen. Nach einem Gespräch mit zwei Engeln und – wie sie meint – dem Gärtner, gibt sich dieser zu erkennen mit der liebevollen Anrede „Maria". Sie erfasst das intime Begegnen mit dem Freund. Jesus will ihr ganz persönliche Nähe schenken, will ihr mitteilen, dass der Tod ihn nur in den neuen Seinszustand versetzt hat. – *Diese Ostermorgengeschichte ist feinbesaitet erzählt.* Die Saiten sind gespannt und zum Klingen bereit in unsere oft nüchterne Gegenwart. Die Gegenwart am Grab will HEUTE Gegenwart werden. Die Erde lässt dem Himmel Raum und der Mensch hört: „Ich habe dich beim Namen gerufen!"

Gegen diese Stimme lärmt und streitet die Stimme der Welt. Sie meldet ihre innerweltlichen Rechte durch Äußerungen wie „Ich glaube nur, was ich sehe"; „was objektiv feststellbar ist, hat alleinige Gültigkeit"; „Nachprüfbares ist erprobt – nur Erprobtes verdient Würdigung als Tatsache". – *Was sich diesen Beweisen entzieht, gleicht dem Inhalt eines verschlossenen Grabes.* Zum offenen leeren Grab gelangen Menschen die tiefer fragen, die hinter dem Sichtbaren, Greifbaren und Messbaren ins Nichts hineinblicken. – Wissenschaften tasten sich vor zum österlichen Morgengrauen, doch der Ruf der göttlichen Weisheit ist ein Geschenk, welches die Dinge und vorab die Menschen beim persönlichen Namen nennt. – *Ein nach seinem Namen Horchender ist der englische Physiker Stephen Weinberg:* Je begreifbarer uns das Universum wird, je mehr wir alles durchschauen, um so sinnloser erscheint es uns. – Er horcht hinein in die Sinnfrage: Wie ein einziges leeres Grab scheint der riesige Kosmos. In ihm bewegt sich unsere Erde wie ein Sandkorn, auf dem der einzelne Mensch innert einer flüchtigen Sekunde sichtbar wird. Dieses gähnende Grab – ist es nur Zufall?, all das Messbare der Materie und der geistigen Sphäre ein sinnloser Spuk? – *Dieses Fragen und mögliche Antworten genügen dem Menschen nicht* – er tastet sich hinter die messbare Wirklichkeit, hält Ausschau in die Tiefe des Grabes, horcht in sich hinein und versteht die Stimme, die jeden Namen kennt und nennt. Diese Stimme lockt zu sich als Mitte des Kosmos, als Herz der Materie und Mitte jedes Menschen.

Wenn aber jemand meint, ihn in Griff-Nähe zu haben, hört er wie Maria am Grab die Stimme: „Halte mich nicht fest ...". Der Unbegreifliche lässt sich berühren, aber nicht festhalten. In ihm als Mensch wird unser Diesseits gelöst und erhält ewige, göttliche Dimensionen. Nach 1 Timotheus 6,16 „wohnt er in unzugänglichem Licht und ist zugleich näher bei uns als wir selber". Jörg Zink schreibt: „Die Wand, die uns von der Welt Gottes trennt, ist hauchdünn." Gottes Sein und Umgebung sind himmlisch, unser Sein und unsere Umgebung sind erdzugewandt – zwei Wirklichkeiten, die sich unterscheiden und doch einander hauchdünn nahe sind. Wir spüren ein vertrautes Berühren, ein Tasten im Geheimnis „unseres Gottes im Menschen" und anderseits ein Ahnen von der Unermesslichkeit.

Dieser Zustand von Schon und Nochnicht und die Beziehung zwischen unergründlicher Nähe und unmessbarer Ferne weckt die Sehnsucht nach Vereinigung und nach Bleiben. – *Diese Sehnsucht trieb Maria von Magdala zum Grab.* Sehnsucht ließ sie weinen, sodass sie mit ihren nassen Augen Jesus nicht erkannte. Doch sie sah mit dem Herzen gut, verstand horchend ihren Namen „Maria".

Liebe Schwestern und Brüder! Alte Bilder hatten die Szene am Grab dahin fest, dass Jesus als Vorübergehender dargestellt ist. Dies ist unsere Situation zwischen Glauben und Schauen. Wir erleben das Schauen in Augenblicken des Gewissseins. Jesus ist sehr nahe. Seine vertraute Stimme ist hörbar, sein Hauch spürbar: „Das Herz tut uns vor Freude springen". – Seit Ostern erfahren wir den Bleibenden als Herz unseres Herzens, als Herz der Materie und Mitte des Kosmos. Wer solche Augenblicke fixieren möchte, blickt ins leere Grab und wer den Sichtbar-gewordenen festhalten will, dem entzieht er sich. Doch die Erinnerung kann niemand nehmen. Jesus hat in meine Augen geblickt; er hat mich beim Namen gerufen. Die Erinnerung verleiht dem Augenblick Ewigkeit.

Zweiter Sonntag der Osterzeit

Lesung: 1 Petr 1,3-9
Evangelium: Joh 20,19-31

Thomas will greifen um zu begreifen

Liebe Christen! „Ins Abseits gestellter Thomas, wie haben wir es fertiggebracht, dich zu entstellen! Von Generation zu Generation standest du da als Zweifler – und gab eine Person der andern den Namen „du ungläubiger Thomas", war dies als Anklage gemeint. Wie oft zeigen Ungläubige mit dem Zeigefinger auf dich, um von sich abzulenken". – *Tatsächlich lenkt Thomas in der Szene des heutigen Evangeliums die Aufmerksamkeit auf sich.* Ihm genügt die einstimmige Auferstehungskunde der Frauen und Männer nicht: „Wir haben den Herrn gesehen". Dieser Thomas – Zwilling genannt – ist er nicht ein arroganter, unverschämter Kerl mit seiner Anmaßung: Ich will die Male der Nägel sehen, meine Hand in die Seitenwunde legen; erst wenn ich gegriffen habe bin ich bereit zum Begreifen. Er, der schwer von Begriff scheint, will seine Erfahrung durch Berühren des Auferstandenen machen und dann glauben. Er hat wohl keine zwischenmenschlichen Berührungsängste. Sein Wissensdurst steigert sich derart, dass er vergisst, dass er Gott selber berühren will.

Sobald wir Menschen oder einen Gegenstand berühren, ergreifen, ist das Begreifen erleichtert. Die Berührungsängste verschwinden, je hautnaher wir einen Menschen erfahren. Die Wichtigkeit des Berührens darf nicht unterschätzt werden. Wenn wir jemandem bekunden dass wir verstanden haben, bestärken wir: Jetzt habe ich begriffen; ich habe dich mehr als verstanden, habe gleichsam nach dir gegriffen. – *Kleine Kinder beweisen, wie wichtig begreifen ist.* Sie greifen nach allem um zu begreifen. Vom Teddybär über Mutters Hand bis zum Zeigefinger des Vaters wird alles in beide Händchen genommen und zum Mund geführt. Erwachsene müssen darauf aufmerksam gemacht werden, nicht alles mit den Händen zu berühren – sei dies bei einem Privatbesuch oder in einem Museum. Trotz gebotener Sitte, bleibt das Urbedürfnis, mit den Händen zu berühren, mit dem Mund zu schmecken, mit der Nase abzuriechen. Die Gebetsschnüre – auch Rosenkränze – erfahren die Finger, auch wenn der Geist woanders im Einsatz ist. *Innerhalb jeder Religion hat Berühren sakrale Bedeutung:* Der Jude berührt in Jerusalem die Klagemauer, der Moslem in Mekka den „hl. Schwarzen Stein" (Hadschar), der Hindu betastet die hl. Kuh, der Buddhist seinen Buddha, im Petersdom findet der Katholik vieles zum Berühren und wohl jeder Christ hat irgendeinen Gegenstand, dessen Berührung ihm heilige Beziehung schafft. – *Das weltliche Management weiß um den Wert der Berührung.* So wird in Warenhäusern und Einkaufzentren möglichst alles betastbar angeboten – trotz Mehrkosten und dem Risiko, dass manches an der Hand kleben bleibt und in Taschen verschwindet. Im Streichelzoo, wo die Hand über den Rücken eines Ponys streift bis hin zu den Streicheleinheiten für die Katze betasten sich Mensch und Tier um einander zu begreifen.

Greifen wir wieder zur Bibel um zu begreifen. Der Saal, den Jesus ein zweites Mal betritt, ohne eine Türfalle zu berühren, wirkt wie eine Leinwand. Er erscheint in der Mitte der Versammelten, wobei Thomas unter die Scheinwerfer gerät – aber nicht als der keck-unverschämt wirkende. Auf die Einladung Jesu: „Thomas, berühre, was du verlangt hast – meine Wunden", senkt er seinen Blick. Auf die Worte „Sei nicht ungläubig, sondern gläubig" würgt er wohl an einer Träne. Er liebt seinen Meister derart, dass alle Berührungsängste längst verschwunden sind. Jesu Nähe berührt sein Tiefstes aus dem die Worte emporsteigen „Mein Herr und mein Gott!" – *Thomas' Glaube befindet sich auf höchster Ebene.* Er hat Jesus als Gott betastet. Gott hat ihn dabei im Innersten ergriffen. Bei der Berührung Jesu erfährt Thomas die Seeligkeit jener, die nicht sehen und doch glauben.

Liebe Schwestern und Brüder! Sehnt sich unser Innerstes auch nach der Nähe Gottes – so sehr, dass wir bitten: Lass mich dich berühren und ergreife mich!? – Darauf reagiert Jesus mit Augenblick-Dialog-Angebot: Nimm mich in deine Hände und ich nehme Wohnung in dir. Gott ist nie zu groß, um berührt zu werden und kein Mensch je zu klein und unwürdig. Wer Gott berührt hat, kann nicht an Menschen vorbeigehen, sondern muss sehen, begreifen und gerührt berühren. Unser berührbarer verwundeter Gottessohn ist der verletzte Mensch – jeder Mensch bleibt verwundet, solange er nicht berührt ergriffen wird.

Dritter Sonntag der Osterzeit

Lesung: 1 Petr 1,17-21
Evangelium: 24,13-35

Eine Weg-Geschichte und ihr Ziel

Liebe Christen! Wer über sich oder anderer Leben nachdenkt, kann eine Weg-Geschichte schreiben – eine Geschichte, die bereits im Mutterschoß beginnt und beim Sterben, vom Glauben ins Schauen, endet. Es ist eine Weggeschichte, wie Gott mit den Menschen Beziehung pflegt: Er lädt ein, ruft, sammelt und geht voraus. – *Seit der Auferstehung bietet sich der „Gott mit uns" an in Jesus als Weg, Mitwanderer und Ziel.* Bereits am ersten Tag der Woche – Tag der Auferstehung – ist er unaufdringlicher Wegbegleiter. Der äußere Weg führt die zwei Emmaus-Jünger sechzig Stadien (1 S. = ungefähr 190 m); der innere Weg des Glaubens beginnt, als der Fremde sich ihnen anschließt. Sie gehen voraus in die Osterfreude und wissen es nicht. Osterglaube ist damals wie auch heute eine Weggeschichte zwischen Zweifel und Hoffnung, Misstrauen und Vertrauen. – *Sie, die weg von Jerusalem wandern, vertiefen sich sinnierend in die Schrift.* Sie fühlen sich betrogen, ihre Hoffnung scheint dahin. Da erscheint der Unbekannte und zeigt Interesse an ihrem Gespräch, gibt sich aber zunächst naiv. Die Zwei sollen ihr Wissen kundtun und ihn belehren. Als Einziger scheint er nichts zu wissen vom schrecklichen Ereignis.

Viele Wege führen zwischen Tod und Auferstehung weg von Jerusalem. Jesus gesellt sich zu denen, die unterwegs bleiben. Seine Weggeschichte ist unser Glaubensweg und dieser erschließt sich den Suchenden. Unterwegs wird der „Ich bin da" von Stadion zu Stadion erfahrbarer. Auf dieser Wegstrecke findet der entflammte Mensch durch alles Dunkel und Licht zum Grund seines Seins. Der so Erleuchtete wünscht sich kein anderes Licht, denn dieses eine Osterlicht leuchtet von Erkenntnis zu Erkenntnis. Es ist ein Licht, das jedem ganz persönlich, dem innern Auge angepasst, leuchtet und hat verschiedene Namen: Licht der Hoffnung, Leuchte der Liebe, Flamme der Freude.

In der Weggeschichte festigt sich die Treue rund um die Person Jesu. ER führt hinein in die Trauer – die Trauer der Seinen um ihren Freund und er begleitet bis heute Menschen, die um einen lieben Heimgegangenen weinen. Sein Kreuz erhebt sich als Zeichen der Hoffnung über manchem Grabhügel. Keine Glaubensgeschichte kann Auferstehen erleben ohne zuvor Sterben und Kreuz zu begegnen. Mit Trauer verflochten ist Leben, das nie das Licht der Welt erblickte; Leben, das als Vegetieren bezeichnet werden muss; Leben, das Ideologien und Fanatismen zum Opfer fällt. Jesus verkündet Sieg über den Tod, zeigt Zeit seines Lebens, dass der Sieg im Bejahen allen Lebens besteht. – *Warum wehrt sich der Mensch bis heute gegen den Tod als Durchgang zum Leben?* Warum die Verdrängung der Trauer, die zum Abschied Jesu und zum Abschied jedes Menschen gehört? Denn, wer die Todestrauer annimmt, erfährt auch den Trost der Auferstehung – in und mit Jesus wird der Mensch gewürdigt beim Sterben. Zurück bleibt ein leeres Grab und es kündet, was Großes Gott mit Mutter Erde tat: Sie gebärt im auferstandenen Christus jeden Menschen für ein neues, ewiges Leben. Jesus, der in die Mitte der Materie gelegt wurde, hat jeden Ort, wo ein Geschöpf zur Erde zurückkehrt, geheiligt und für ein neues ewiges Leben bereitet.

Allem Leben, das nach Hause pilgert, dient die Glaubensgeschichte als Wegweiser. Der erste und letzte Zeuge dieses Durchganges ist der auferstandene Christus selber. Sein Ende am Kreuz ist unser neuer Anfang am Morgen unseres Heimgehens. Es ist die mütterliche Liebe Gottes, die uns die Hand reicht, um die Trauer in Freude umzuformen. So verwandelt sich Osterglaube ins Schauen.

Liebe Schwestern und Brüder! Die Emmaus-Jünger und wir erleben auf dem Weg eine verborgene Nähe, *erkennen* den aber nicht, der mit uns geht. Trauer raubt die klare Sicht. Während wir von Niedergang und zerstörtem Glück sprechen, lockt der Auferstandene zum Mahl seiner Liebe. Wie sie damals, erkennen auch wir ihn beim Brotbrechen.

Vierter Sonntag der Osterzeit
Lesung: Apg 2,14a,36-41
Evangelium: Joh 10,1-10

Türen, die zur Mitteltür hinführen

Liebe Christen! Wer Türen und Tore liebt, findet ganze Bildbände mit sich in allen Farben präsentierenden Durchgängen. Reisetüchtigen Tür- und Torliebhaberinnen und Liebhabern werden Tür-Reiseziel-Angebote gemacht mit geschnitzten romanischen und gotischen Portalen bis hin zu modernen Kirchentüren. – Es gibt kaum noch Menschen, die nicht täglich Türen auf und zu schwingen, schieben, kippen oder mit dem Druck durch Elektronik in Funktion setzen. Türen wissen uns viel zu erzählen von Passanten, die auf der Türschwelle sitzen oder stehen bleiben, solchen, die ihnen in aller Wucht eins verpassen und andern, die auf leisen Sohlen Türen milde ins Schloss helfen. Bei jedem Türöffnen betreten wir einen andern Raum – eine andere Welt, lassen das eine Lebensgefühl hinter uns und geraten in ein neues. Wo eine Tür auf unser Anklopfen nicht reagiert, kann sie eine Art Platzangst auslösen. Abweisend wirken Türen, die vor unserer Nase ins Schloss knallen oder leise zuschnappen, wobei drinnen der Schlüssel zweimal gedreht wird. Befreiend sind Türen, die stets zum Öffnen bereitet sind, beim Eintreten „Willkommen schwenken" und beim Verlassen mit langsamem Schließen „Auf Wiedersehn" winken. – *Moderne Tore sind nicht mehr Symbol für Sicherheit einer Siedlung.* Früher fielen Stadttore bei Sonnenuntergang ins Schloss; Reisende mussten müde und erschöpft vor ihnen warten bis zum neuen Morgen. Heute sind Zugänge **in** den Städten drin überwacht oder hermetisch abgeschlossen. Die drinnen erkennen via Kamera die „Anklopfenden" und sind in der Lage, einladend oder abweisend zu handeln. – Was ein verschlossenes, bzw. offenes Tor bewirkt, wurde in Deutschland erfahrbar, als das Brandenburger Tor 1989 eine Pendeltür für Ost- und Westberlin wurde.

In der Adventszeit erklingt immer noch der Gesang „Macht hoch die Tür, die Tor' macht weit . . .". Angesprochen ist die Türöffnungszeremonie des Jerusalemer Tempels: Pilger kamen und fragten im Wechselgesang: „Wer will Einzug halten?". Darauf erschall die Antwort: „Es ist der König der Herrlichkeit". – In der Osterliturgie wird beim Aufgehen der Tore Jerusalems der König der Herrlichkeit gepriesen. Die Stufen empor und durchs Tor Hindurchschreitende gehören zu ihm. – Johannes vergleicht die Tür- und Torsprache mit Bildworten wie „Weinstock" oder „Gut-Hirt". Er meint die Tür zum Leben. Gemäß gehörtem Evangelium ist Jesus als Tür Durchgang zum Leben in Fülle (vgl. V. 10). In den Versen 7 und 9 erklärt er sich als „Ich bin die Tür". Er ist hier eine Art Pendeltür: „Die Seinen gehen ein und aus und finden Weide".

Die Bibel hat ein vielfältiges Angebot an offenen und geschlossenen Türen und aus allen Richtungen, Religionen, Kulturen und Philosophien öffnen sich Türen hin zum Tor „Jesus Christus". Er ist selbst Tür und Passant durch alle Türen und Tore „In den Hof für die Schafe". – *Am Guthirt-Sonntag stellt sich die Frage: Ist Jesus für die Völker der Erde wirklich „Tür und Tor"?* Christentum war im Laufe der Geschichte oft Tür ohne Christus – Tür zu den Indianern Mittel- und Südamerikas in der Zeit brutaler Eroberung; Tür des Verrats am Proletariat; Tür korrupter Wirtschaft und Industrie. Weht heute Heiliger Geist durch die Türen der Gleichberechtigung, Vorurteile wegblasend, hin zum Mittler-Tor, dem guten Hirten, der vor Dieben bewahrt, welche die Schafe scheren und das Fleisch für sich behalten?

Jesus ist Zugang durch die Tür ins Haus; wer ihn benutzt, ist zu Hause, hat freien Zugang zu Gott. So gleichen wir Kindern, die mit Selbstverständlichkeit ihr Elternhaus betreten. Der Auferstandene sprengt Schloss und Riegel. Wie damals ist er heute noch bei verschlossenen Türen in der Mitte der Gemeinschaft Vermittler und Mittler (vgl. Joh 20,19). Er öffnet die Türen und Tore ins Weite und sendet den Spezialtrupp geistlich Berufener. Dies ist die Kernaussage des Guthirt-Sonntags. – Zu Beginn des II. Vatikanischen Konzils schrieb ein Journalist, Johannes XXIII. habe im Sinn, in der Kirche Fenster und Türen aufzustoßen. Botinnen und Boten dürfen nichts Menschliches ausschließen, vor nichts und niemandem ihre Augen-Fenster schließen. –

Liebe Schwestern und Brüder! So öffnet Christus sich als Tür zu Gott hin und verlässt die Tür Gottes, die zurück zu den Menschen führt. Bei Christus Eintretende erkennen die ihnen persönlich angepasste Tür. Durch das Tor „Christus" treten nicht nur die Menschen: Alles, was lebt, betritt ihn und er zieht sich von keinem Leben zurück. Darum, mach hoch die Tür in dir, mach weit das Tor für die Vielen.

Fünfter Sonntag der Osterzeit

Lesung: Apg 6,1-7
Evangelium: Joh 14,1-12

Von der Urangst ins Urvertrauen

Liebe Christen: Ist das Werden des Menschen im Mutterschoß angstfrei? Beim ersten Schrei, mit dem wir die Erde begrüßen, äußert sich bereits Angst. Bevor die Kleinen recht laufen können, versuchen sie beim Aufwachen in der Nacht verängstigt unter die Decke der Eltern zu kuscheln. Angst ist eine lästige und hartnäckige Begleiterin durch alle Phasen des Lebens. – *Die Christengemeinde scheint den Ruf ihres Christus täglich neu zu überhören „Habt keine Angst, ich bin es".* Ängste verursachen fragwürdige Verhaltensweisen: Etwa die Angst, welche dem Traditionalismus huldigt: Formen und Regularien von früher werden festgehalten, obwohl deren Inhalte längst überholt sind; oder die Angst der „kleinen Herde": Gemeinschaften, die zahlenmäßig zusammenschrumpfen und Gemeinden, die nicht vom Fusionierfieber angesteckt sind, fragen sich: Was können wir als kleines Häufchen oder angesichts des Überalterns überhaupt noch ausrichten? Darauf können wir sagen: In allem liegt beim Menschen das „Wollen" – bei Gott das Vollbringen.

In seiner Abschiedsrede geht Jesus auf das Urthema „Angst" ein: „Lasst euch nicht verwirren!" Sogleich gibt er einen Impuls ins Herz, die Angst loszuwerden: „Glaubt an Gott und glaubt an mich". – *Glaube ist nichts zum Absichern mit Beweisen.* Durch die Angst hindurch sieht nur das Herz. Der

Mensch mit Herz findet von der Urangst ins Urvertrauen. Darum appelliert Jesus an das Herz, an die Erfahrungen, welche die Getreuen mit ihm gemacht hatten. Mit dem Verstand können sie sich erinnern – mit dem Herzen sind sie in der Lage, was war, zu empfinden und ihr Innerstes durch das Erlebte zu festigen. – Die Begegnungen mit Jesus weisen hin auf Begegnungen mit dem Vater. Begegnen schafft Beziehung, welche den innersten Grund des Lebens berührt. Das so angerührte Herz erfährt ein Geborgensein, ein Sich-wohl-fühlen im „Ich bin zu Hause"; Sohn und Vater bilden im Hl. Geist eine Bleibe. Wer Gott Eintritt gewährt, wird Gottes Heimat auf Erden.

Der Glaube, dass der Vater und der Hl. Geist im Menschensohn wohnen, schafft für uns eine unerhörte Gewissheit: Gott ist jetzt schon bei uns daheim – er will nicht erst bei unserm Heimkommen jedem Menschen seine persönliche Wohnung anbieten. *Das Wohnen Gottes in uns beginnt im Heute und wird in der Ewigkeit vollendet.* In mystischen Erfahrungen auf dem Weg nach innen trifft der Mensch seinen persönlichen Gott an. Dieser schenkt Tröstungen und Ermutigungen zum Austeilen und jeder Mensch steht in einmaliger Beziehung mit Gott. Sind nicht darum im Haus von Jesu Vater so viele Wohnungen? Es gibt sicher keine Wohnungsnot! Jeder Mensch ist willkommen, jeder hat die persönliche Tür, welche Jesus selbst ist. Gott misst und spricht jedem Menschen den ihm bestens entsprechenden Wohnraum zu. Chancengleichheit ist oberstes Prinzip beim Verteilen der Wohnungen. Aus allen vier Himmelsrichtungen Ankommenden stehen Türen offen – offen für die verschiedensten Glaubensrichtungen, Kulturen, für innerliche und äußerliche, intro- oder extravertierte Erdenbewohner und Bewohnerinnen. Ununterbrochen empfängt der Vater von Osten, Westen, Norden und Süden die Ankommenden. Sein Erbarmen umarmt; beim Namen rufend sagt er: „In ewiger Liebe habe ich dich geliebt und dich an mein Herz gezogen".

Dieses Herz schlägt in einem Menschen und der heißt Jesus – Mitte des Menschen, Mitte der Materie, Mitte des Kosmos. Allem, was lebt, bietet er seine menschliche Hand und führt nach Hause: „Niemand kommt zum Vater außer durch mich". Den einen sind diese Worte Jesu bereits vertraut, die andern staunen „Habe dich noch nie gesehen und doch siehst du mir so ähnlich!"

Liebe Schwestern und Brüder! Unser Heimgehen ist ein Wohnungswechsel, wobei der Hl. Geist diesen Wechsel vollzieht. Er sucht mit denen, die gemeinsam nach Hause suchen, ist die Kraft der Vielen, die sich gegenseitig stärken und aufrichten. Der Tröster Geist begibt sich in gemeinsame Ängste. Er lässt uns erkennen, dass der Sohn in den Menschen leidet, die aneinander leiden. Vergessen wir nie Jesus im Mitmenschen zu suchen – wir werden ihn entdecken als Wohnender in uns.

Sechster Sonntag der Osterzeit

Lesung: 1 Petr 3,15-18
Evangelium: Joh 14,15-21

Leben zwischen Vergegnung und Begegnung

Liebe Christen! Der jüdische Religionsphilosoph Martin Buber – gestorben 1965 – hat ein Büchlein geschrieben mit dem Titel „Begegnungen". Darin schildert er Erinnerungen aus seinem vierten Lebensjahr. Ein Jahr zuvor gingen seine Eltern auseinander. So ging die Tür seines Zuhauses in Wien hinter ihm zu. Er kam zu seinen Großeltern adeliger Herkunft. Niemand erzählte ihm, was sich zwischen seinen Eltern ereignet hatte. Der kleine Martin wartete auf die Heimkehr seiner Mutter. Doch er getraute sich nicht nach ihr zu fragen. Da widerfuhr ihm im quadratischen Innenhof des großelterlichen Hauses etwas, das seine Seele hart erfasste. Er spielte Verstecken mit einem älteren Mädchen. Dieses meinte unvermittelt: „Deine Mutter kommt nie mehr zurück!" Die Tatsache drang immer tiefer in Martins Herz – *was die Zeit genommen, gibt sie nie zurück!* Nach vielen Jahren – Buber hatte bereits selber Frau und Kinder – traf er seine Mutter wieder. Sie kam aus der Ferne. Als er Mutters Augen begegnete, erfuhr er eine „Vergegnung". Der Mutter Liebe war zu fern.

In jedem Menschen tauchen Erinnerungen aus längst vergessener Zeit auf. Wir eilen gleichsam über Brücken, fliegen über Berge, landen in vergangenen Zeiten – fühlen der Mutter Hände, die uns über die Brücke ins Leben führte. Kindheitserlebnisse prägen das spätere Lebe beachtlich. Selbst, wenn im Elternhaus nicht lauter Harmonie und Einigkeit waren, findet der Mensch etwas Kostbares, das er nicht missen möchte.

In seinem Werk „Ich und Du" zeigt Martin Buber, wie es zu Begegnung und „Vergegnung" kommt. Er weist hin auf Grundworte als Wortpaare; so etwa „Ich-Es", oder das andere Paar „Ich-Du". *Der Unterschied besteht darin, dass „Ich-Du" von einem Herzen ins andere springen, während „Ich-Es" etwas Äußeres umschreibt.* Das „Du" versteht nur, wer sich selbst öffnet, und erst diese Hingabe ermöglicht Begegnung. Ohne Hingabe bleibt alles ein „Es"; etwas, das ich rein sachlich angehe. Je mehr ich jedoch ins „Du" einsteige, desto klarer erkenne ich mich selbst: Ich habe dich gesucht und mich gefunden. Im „Du" erlebt das „Ich" Gegenwart – und zwar als Geborgensein – im Wunsch: Bleibe immer bei mir!

Die Gegenwart, in der das „Ich und Du" Begegnung feiern, wird abgelöst durch den Lauf der Zeit. – *Vergangenneit und Zukunft haben auch das Dunkel der Nächte in sich* – darum jene Schwermut, die in den Worten „Bleibe bei mir" mitschwingt: „Bleibe, auch wenn Wolken unsere Beziehung überschat-

ten". Die bange Sorge kann aufgegeben werden, wo sich das „Ich" dem
geliebten „Du" täglich neu schenkt. Das „Du" lebt vom täglich Neu-ent-
decktwerden. – Wo das gelingt, ist die gegenseitige Liebe stärker als der Tod.
Die Liebesschaukel mag hin und her schaukeln und menschliche „Purzel-
bäumchen" erleben – sie steht auf festem Grund, wo das „Ich" sich immer
tiefer in das „Du" hineinwagt. Eine „Vergegnung" trifft nicht ein, wo das
„Ich" entdeckt, wieviel vom Pol des „Du" in ihm selber steckt.

Liebe Schwestern und Brüder! Die Begegnung von „Ich" und „Du" birgt
eine Dimension in sich, die vom Geheimnis Gottes kommt und dorthin zurückkehrt. In Ihm ist alles „Ich" – in Ihm ist alles „Du" – in Ihm ist alles
„Wir". Alles ist in Ihm nur Gegenwart und darum auch ewig. Die Glückselig-
keit ist ständige Relation zwischen Vater, Sohn und Geist. Sie sind Urbild jeder
menschlichen Beziehung und Begegnung. Je tiefer wir mit Gott verbunden
sind, desto inniger begegnen wir einander. – *Jesu Abschiedsreden bei Johannes, Kapitel 13-17, lüften das Geheimnis der Begegnung.* Sie beginnen beim
Abschiedsmahl: Begegnung beim dienenden Fußwaschen – und enden beim
letzten Wunsch Jesu: „Die Liebe, mit der du mich geliebt hast, sei in ihnen,
Vater ..., damit auch ich in ihnen bin." – Der „Vergegnung" tritt Jesus mit
mütterlichen Worten entgegen: „Ich werde euch nicht als Waisen zurücklas-
sen, denn die Dreifaltigkeit bereitet Wohnung in dir und in mir.

Hochfest Christi Himmelfahrt
Lesung: Apg 1,1-11
Evangelium: Mt 28,16-20

Oben und unten – oder unten und oben

Liebe Christen! Benedikt Maria Werkmeister schrieb am Himmelfahrtstag
1802 in die „Chronik geistlicher Vorfälle": Es war bisher Gewohnheit bei uns
und auch anderswo, am Himmelfahrtstag eine Statue unseres Heilandes und
zwei Engelfiguren an Seilen durch ein Loch im Kirchendach hinaufzuziehen
... *Dieses Jahr ließ ich dieses Schauspiel aus.* In der Predigt zeigte ich, warum
solches vor Zeiten eingeführt worden war, das für unsere Zeit unnütz und
unpassend sei. Nachmittags hielt ich Christenlehre über den Sinn des Him-
melfahrtsfestes und erläuterte, warum das Hinaufsteigen zum Schauspiel geworden war. Als die Leute noch nicht lesen und schreiben konnten, sei das
Inszenieren bildlicher Darstellungen sinnvoll und beschaulich gewesen. Heute
sei dies eine überlebte Komödie – eine Szene, dem Gelächter und Geschwätz
dienend. Der heutigen Zeit entsprechend sei ein erbauliches Wort über die
neue Seinsweise des Menschen- und Gottessohnes richtig. Auch liebgewor-
denes Brauchtum müsse losgelassen werden, wenn es den derzeitigen Vor-

stellungen nicht mehr entspreche. – Als Vertreter in der Zeit der Aufklärung spürte Werkmeister, wo Tradition schädlich würde und öffnete seiner Gemeinde den Blick für Neues.

Für die Kirche hieße dann aufklären nicht fraglos am typisch Katholischen kleben bleiben; die säkularisierte Welt nicht verurteilen, weil durch sie all das allein Seligmachende untergegangen sei. Nur so entsteht Platz für Neues. Nur so kann der nachkonzillare Sturm als Brausen des Hl. Geistes erlebt werden. – *Wandlungsprozesse zeigen, wie sehr Masse und Gesetze zeitbedingt sind.* Das Gesetz der Schwerkraft zeigt, dass der nach oben gezogene Christus in Wirklichkeit nach unten gezogen wird – theologisch gesagt in die Erdmitte, von der er als Mensch genommen ist. Solange der Himmel oben war und Gott der in der Höhe Gepriesene, schien die Welt in horizontale Schichten gegliedert. Schon auf der Schwelle vom 15. ins 16. Jahrhundert servierte Kopernikus das nicht allen schmeckende Weltbild. Die Welt der Menschen öffnete sich hinaus in die Unendlichkeit. Lehrer wie Niklaus von Kues und Giordano Bruno sind in ihrer Unwissenheit der Häresie verfallen und drehen sich wohl heute noch im Grabe, weil es kein Oben und Unten in funktionierender Ordnung gibt. – *Die Begriffe von „oben" und „unten" wurden verschieden gedeutet und dienten manchen zum „Aufstieg":* Gott war „der da oben", was kümmerten ihn schon „die da unten"; die obere Klasse der Menschen sah auf die „da unten" und ließ sich womöglich auf Sänften tragen. Die „da oben" waren in Autorität gekleidet und „die unten" von ihren Kleider-Quasten, Zipfeln und Ringen abhängig. – *Allmählich bewegte das Heben des Bildungsniveaus zum nivellierenden Ausgleich;* die Naturwissenschaft brachte die gesellschaftliche Pyramide ins Schwanken und die Erde kam ins Rotieren. Damit verlor die menschliche „Sicht in Rückenlage", um den Gott da oben besser zu sehen, ihren Ausblick. Und Menschen, die von oben ihre Aus- oder Absicht zu genießen pflegten, landeten teils in dunklen Verließen. Der Mensch wurde nach und nach mündig und berief sich auf eine äußere und innere Welt- und Wertordnung. So entdeckte er den immanenten Gott wo und wie er immer schon war.

Von Immanenz und Bleiben spricht Jesus nach Matthäus im Himmelfahrts-Evangelium: „Seid gewiss, ich bin und bleibe bei euch". Jene die Jesus auf den Berg bestellt hatte, wussten nach der Auferstehung um die Stellung ihres Meisters und Lehrers. Von sich aus bekundeten sie gern ihre Abhängigkeit: Sie fielen nieder, als sie ihn sahen. Das Verhältnis zum auferstandenen Jesus war bei ihnen in ein „Oben und Unten" gerutscht: Die neue Atmosphäre macht aus ihnen Hinaufguckende – sie kamen sich im Begegnen mit ihm so klein vor, dass es nur zum Fuß- oder Handkuss reichte. Jesus benötigte viel Energie, setzte seine Liebe in Bewegung, um wieder Schwestern und Brüder um sich zu wissen. Er wollte nicht, dass sie vor ihm niederfallen, weil dies ein Zeichen der Ängstlichkeit ist und niemals Ausdruck der Freundschaftlichkeit. – *Der Auf-*

erstandene vertraut ihnen an, wieviel er kann: „Mir ist alle Macht gegeben im Himmel und auf Erden" (Mt 28,19). Er gab zu verstehen, was seine Macht bezweckt indem er diese unter seinen Freundeskreis verteilte. Er wollte, dass jeder Mensch Jüngerin und Jünger von ihm werde. Gleichzeitig packt er die sich oben fühlende Macht am Kragen. „Ihr habt gehört ... ich aber sage euch: Bei euch soll es nicht so sein. Wer groß sein will, sei es im Dienen; wer der erste sein will, sei aller Knecht" (Mk 10,43). Von seiner Menschwerdung bis zur Himmelfahrt hebt Jesus die Differenz von oben und unten auf. Als er die zeitliche Heimat mit der ewigen wechselte, geschah dies auf gleicher Ebene.

Liebe Schwestern und Brüder! Jede Autorität, die nach dem Motto handelt „Wo ich bin, ist oben" stürzt von der Leiter und liegt unten. Jesus war zeitlebens weder oben noch unten. Er war und bleibt die Mitte: Mitte des Menschen, der Erde, des Kosmos. Als er zur Welt kam, ist er herabgestiegen und blieb stets „unten". – Bevor er da „oben" in den Wolken entschwand, versicherte er: „Ich werde da ‚unten' bei und in den Menschkindern bleiben".

Siebter Sonntag der Osterzeit – Mediensonntag
Lesung: 1 Petr 4,13-16
Evangelium: Joh 17,1-11a

Aus manchem Räuber und Levit wurde durch die Medien ein Samariter!

Liebe Christen! Während das Draußen von Dunkelheit durchwandert wird, sitzt mancher tief im Polster. Vom Fernsehgerät kommt mit charmantem Lächeln die Stimme: „Das war's für heute. Gute Nacht!" Die Stunde ist gekommen vom Polster aufzustehen. Der Abend bot eine Kurzweil nach der andern. Zwischen der Tagesschau und dem ausgedehnten Film der weiten Ferne, wo Rosen ohne Dornen blühen, Vögel im Gleitflug ihre Kreise ziehen und zwei Menschen die Heide erleben, hatte sich das Wort zum Sonntag gezwängt. Mit einem feinen Schluck Bier spülte der im Polster Sitzende alles hinunter. – Mag sein, dass das Wort zum Sonntag weiterklingt als Stimme Jesu: „... die Worte, die du mir gegeben hast, gab ich den Menschen, und sie haben sie angenommen" (vgl. Joh 17,8a). – *Doch am gewöhnlichen Werktag wecken die Medien eher die Stimmung: „Als einer von Jerusalem hinab nach Jericho ging, fiel er unter die Räuber..."* (Lk 10,30-37). Auf dem Weg begegnet dieser drei Arten Menschen: dem Räuber, dem Priester und Levit und dem Samariter. – Bei allen Sorten Medien begegnen uns diese drei Typen: Ein Mann oder eine Frau schaltet den Fernseher ein und fällt unter die Räuber. Diese rauben den Schlaf, wenn der Bildschirm bis zum Programmschluss flimmert. Ferner werden die Kinder beraubt. So oft müssen die Lästigen zum Schweigen gebracht werden. Mit einem Kuss und der Anweisung „Vergesst das Beten nicht", werden sie ins Bett spediert. Und schon hat er oder sie Angst, etwas von der Gesprächsrunde über Erziehung verpasst zu haben. – *Auch die Partnerschaft haben die Räuber zerstört.* Früher saßen Eltern, sich unterhaltend, beisammen. Man plauderte über Tagesereignisse, löste gemeinsam Erziehungsprobleme. Heute starren zwei Augenpaare in den Kasten. Zum Abschluss reicht es noch zum gelangweilten Angähnen. Kein Wunder, wenn mancher durch seine Fernsehräuber halbtot im Lehnstuhl liegen bleibt. – Mit Jesus bitten wir: „Vater, hilf denen, die unter moderne Räuber fallen!"

Beide, der Priester und der Levit, waren Fernseher. Beim Blick auf die Not in der Nähe wird der Priester schriftbewusst: Leviticus 21,1 verbietet dem Priester „sich an der Leiche eines Stammesmitgliedes zu verunreinigen". Der Levit sieht in der Ferne den Tempel: Für den Dienst dort darf er hier seine Hände nicht verunreinigen. – „Und sie gingen vorüber." Und heute: Ein braver Priester und Levit kann, geschützt beim Fernseher sitzend, in die Ferne schweifen: Bei Derrick fällt der Beraubte halbtot zu Boden und das Auto des Räuberhelden flitzt davon. Der Cowboy trifft sein Opfer aus der Ferne mit sicherer Hand. Im Bruchteil eine Sekunde zeigte sich der Hungernde von Sahel, fiel im Krieg ein Mensch in Jugoslawien. Ein Druck auf den Knopf, und alles ist vorbei. Mit Jesus beten wir: „Vater, all diese Menschen gehören dir, und du hast sie uns gegeben." – *Die Macht der Gewohnheit zu sehen und zu sitzen greift ins tägliche Leben.* Auf offener Straße werden Menschen geraubt und entführt. Niemand greift ein. Es finden sich genügend Gründe, vorbeizusehen: Weil zuhause der Kuchen verkohlt, weil in der Schule die Klasse wartet, weil Zeitausfall am Arbeitsplatz nicht bezahlt wird. Also: nichts wie weg, denn gemäß Fernsehn sind Polizei und Ambulanz flugs zur Stelle. Sie sind geschult und gut bezahlt.

Es gibt aber auch die Menschen, welche durch Fernsehn, Radiohören, Zeitunglesen Samariter werden. Wie Öl und Wein auf die Wunden, wirkt für den einen das Konzert auf dem Kanal X. Der junge Mensch verarbeitet seine Aggressionen bei der Sportsendung. Ein Lustspiel hilft Müdigkeit und Sorgen vergessen. Ungezählte haben den Bildschirm gemäß Jesus Wort: „Freunde nenne ich euch" schätzen gelernt. Der Gebrechliche und Kranke hört ein Wunschkonzert für ihn. Der ans Haus Gebundene feiert bei der Gottesdienstübertragung mit.

Liebe Schwestern und Brüder! „Ich preise dich, Vater", spricht Jesus für alle, die den Samariter lieben. Es gibt dazu viele Möglichkeiten: Beim Interesse am Fernsehn die Taste „auf Gott zu" auch drücken; beim Briefschreiben auf gute Sendungen aufmerksam machen; Zeitungen und Zeitschriften mit gutem Fundament einander weiterreichen. Aus so manchem Räuber und Levit wurde durch die Medien ein Samariter, „Dafür preise ich dich Vater".

Pfingsten – Am Tag

Lesung: 1 Kor 12,3b-7.12-13
Evangelium: Joh 20,19-23

Jesus haucht und haucht ununterbrochen den Hl. Geist ein

Liebe Christen! Der pfingstliche Johannes fliegt mit uns mit zwei Aussagen in den Wirkungsbereich des Geistes Gottes: Im ersten Bereich wirkt der Hl. Geist als *Tröster*; im zweiten Bereich als Geist, der in die *Wahrheit* führt. Die beiden Dimensionen gehören zusammen wie Seele und Leib. Es wäre falsch, die Wichtigkeit als Tröster derjenigen der Wahrheit voranzustellen. Dass dem so sei, belächelt Nietsche – für ihn verniedlicht das Christentum den Tröstergeist; er sei sentimentaler Ersatz für verpasstes Leben, bringe Jenseits-Vertröstung für Zukurzgekommene. – *Der Hl. Geist ist da anderer Meinung.* Er ist hier und jetzt der Tröster, unterwegs zur vollen Wahrheit. Weil er „wahr" ist, vermag er die „trostlos Weinenden" zu trösten. – Der in der zweiten Hälfte des 18. Jahrhunderts geborene Denker Hegel erklärt das Verhältnis zur Wahrheit aus philosophischer Sicht mit dem „Mut aufbringen, die Wahrheit zu verlangen". Damit meint er das Aufdecken der oft versteckten geistigen Korruption mit irrigen Ansichten, durch welche Stockungen und Erstarrungen im geistigen Leben erzwungen werden. – *Sanktionen lähmen auch heute den Mut, Wahrheit zu verlangen.* Ein scheinbar weises Lächeln der Besserwisser erlaubt dem Verstand und der Vernunft des Einzelnen nur Zweifel gegenüber eines Wirkens des Hl. Geistes. Dieser wird sich aber nie gefallen lassen vom Geist besser wissender Gelehrter gepachtet zu werden. – *Der Philosoph Hegel setzte in seinem Denken bei der Bibel an* und sagt in etwa: Wahrheit Pachtende sind in der Unsicherheit eines Pilatus. In der Position des Prokonsuls hört Pilatus den Jesus: „Jeder, der aus der Wahrheit ist, hört auf meine Stimme" (Joh 18,37c). Solch ein Wahrheitsanspruch von einem Angeklagten ist Pilatus fremd, darum seine Gegenfrage: „Was ist Wahrheit?" Mit ihm bewahrheitet sich er resignierende Wahrheitsbegriff.

Geben nicht viele Pilatus immer noch die Ehre? Mit diesem Skeptiker sagen sie, was Wahrheit sei, könne der Mensch nicht wissen. Ein unabänderliches Schicksal bestimme den Lauf des Lebens. So können keine Segel gehievt werden für das Wehen des Hl. Geistes. Das Lebensschiff bleibt stecken oder wird hin und her geworfen – von Wellen menschlicher Weisheit. So aber kann das Schiff des Lebens nie den Hafen echter Weisheit erreichen. – *Wahre Größe des Menschen präsentiert sich im Durchhalten dessen, was die Dunkelheit der Weltweisheit offeriert.* Diese bietet berückende Verblendungen, sprachlich ausgeklügelte Formulierungen, welche den Gentleman der Wahrheitsfrage – Pilatus – in den Schatten stellen. – Sympathische Eigenschaften locken in den

Hauch der Wahrheits-Bereiche: Höfliche Nachsicht, scheinbare Toleranz und Verständnis vortäuschende Freundlichkeit. Aus solchem Saatgut wuchert die Skepsis, die in die Pilatusfrage hineinwächst: „Was ist Wahrheit?"

Der Hl. Geist, der gemäß der gehörten Lesung, die verschiedensten Gnadengaben zuschiebt, hat mit der heute noch aktuellen Pilatusfrage nichts zu tun. Sein stürmisches Brausen verrät Aufregung Gottes für seine Wahrheit in verschiedensten Gnadengaben und Diensten – verschiedensten Kräften und Offenbarungen. Die Stimme des Hl. Geistes wird in Jesus hörbar als Eingebung der Gewissheit im Ungewissen, im Aufrütteln von privater Scheinwahrheit zur Wahrheit, die frei macht. Der Geist der Wahrheit weckt den Müden, der resigniert eingeschlafen ist. Er warnt vor der Sünde gegen ihn – der Verstocktheit – und regt auf für die göttliche Aufregung für seine Wahrheit.

Jesus hauchte sie an und sprach: „Empfanget den Hl. Geist!" Seither ist er ununterbrochen am Einhauchen dieses Geistes, d. h. zu Spontaneität, Kreativität, Mut zum leidenschaftlichen Einsatz, zum Bekenntnis der Wahrheit, wo diese verleugnet wird. Jesus ist pausenlos am Einhauchen des Hl. Geistes, damit die Welt dem Geist der Wahrheit wieder traut, die Menschen sich von seinem Locken anziehen lassen und die Skepsis ihr Gewicht verliert.

Liebe Schwestern und Brüder! Das wirken des Hl. Geistes als Tröster lindert subjektive Trauer. Des Geistes Trost ist messbar mit der „Elle" „ die bei jedem Menschen verschieden ist. Wenn Furcht und Angst vor dem Getröstetwerden überwunden sind, hat die Flucht in die religionslose Armut, in der kein Windhauch mehr weht, keine Chance mehr. – Die Pfingsttradition bewegt sich im ununterbrochenen Geschenkangebot *Jesu:* Empfanget den Hl. Geist. Und wenn die Macht des Geistes oft scheinbar ohnmächtig ist, regt das Gott auf. Im Sturmangriff tobt er für die Wahrheit – gleich einem Hurrikan – für seine Sache in der Welt.

Hochfest Dreifaltigkeitssonntag
Lesung: 2 Kor 13,11-13
Evangelium: Joh 3,16-28

Vom Geheimnis Mensch zum Geheimnis Gott – und umgekehrt

Liebe Christen! Als erstes ein Blick auf das Geheimnis von Entstehung und Werden: Wenn der Mensch sein Dasein beginnt, ist er kleiner als ein Stecknadelkopf. Diese winzige Kleinheit birgt Wunderbares: Alles, was später die Fülle unserer Persönlichkeit ausmacht, ist im Anfang grundgelegt. Nur so groß ist also der Wegweiser ins Geheimnis menschlichen Lebens. Der Mutterschoß ist das erste Zuhause. Der Mutter Lebensweise wirkt von der Physe und Psyche her auf das werdende Wesen. Eingeschlossen, ist das Kind auch voll hinein-

gebunden. Was Wunder, wenn die Mutter-Kind-Beziehung ein letztlich un-
lösbares Band bleibt! Die Entbindung bringt dem Kind ein Doppeltes: Zunah-
me des Freiheitsraumes und Abnahme der Abhängigkeit.

Eine zweite Blickrichtung geht ins Geheimnis vom Ich zum Du. Mit zu-
nehmendem Alter wird der Raum der Freiheit und Selbstständigkeit ausge-
dehnter. Mit der Selbstfindung und Selbsterfahrung baut sich das Geheimnis
jedes Menschen einmalig und persönlich geprägt aus. *Die Psychologie spricht
von der Intimsphäre – gemeint ist der persönliche Innenraum.* In ihn erhalten
nur Engstvertraute Einblick. Diesem entquellen vertraute Gedanken: Wünsche
im Bereich vom Ich zum Du, religiöse Gefühle und Berührungen mit Gott. –
Schutz der Intimsphäre sind gegenseitige Verschwiegenheit und Schweige-
pflicht von Ärzten, Psychotherapeuten, Krankenpersonal und Geistlichen.
Dem entgegengesetzt ist oft das Verhalten tendenziöser Massenmedien: Sie
lauern nach der Gelegenheit, um in die Intimsphäre von Menschen ein-
zubrechen. Wer Ehrfurcht vor ihr bewahrt, dringt nicht in sie ein. Vertrauen
und Liebe bereiten den Weg zu je eigenem Entwickeln bei gegenseitigem
Eintrittgewähren in die Intimsphäre: Aus zwei Innenräumen entsteht dann
einer. Dieser schließt sich vor der Außenwelt ab.

Ein dritter Blick leuchtet durch das Du und Ich zum Geheimnis „Gott – mein
Du“. Aus unendlicher Tiefe dringt das Licht im Geheimnis des heutigen
Festes: ein Gott in drei Personen. – *Wir würden davon nichts wissen, wenn er
seine göttliche Intimsphäre nicht verlassen hätte.* Johannes sagt das so: „Niemand hat Gott je gesehen. Jesus, der am Herzen des Vaters ruht, hat Kunde
gebracht“ (vgl. Joh 1,18). Er ermöglicht uns, das innergöttliche Geheimnis zu
betreten und vorsichtig tastend zu erkunden. – In 14,10 öffnet Johannes die
Intimsphäre zwischen Sohn und Vater: „Ich bin im Vater und der Vater ist in
mir“. Die unauflösliche Einheit zwischen Vater und Sohn fundiert der Hl.
Geist, der beide verbindet.

Der Sohn stieg aus der geheimnisvollen göttlichen Tiefe, um deren Intimsphäre zu lüften. Er wollte Mensch werden, um zu zeigen, dass und wie Gott
uns in seine Intimsphäre eintreten lassen möchte. Johannes hinterlässt in 3,16
den Kern für das ganze Evangelium: „Gott hat die Welt so sehr geliebt, dass er
seinen einzigen Sohn hingab, damit jeder, der an ihn glaubt ... das ewige
Leben hat“, d. h. Ursprung und Vollendung unseres Lebens kommen vom
Geheimnis Gottes und kehren dorthin zurück. Gott weiß sich uns als Vater
verpflichtet. In mütterlicher Liebe drängt ihn ein unstillbares Sehnen zu seinen
Kindern.

Liebe Schwestern und Brüder! Lassen wir uns vom Geheimnis der dreifal-
tigen Liebe ein- und heimholen! So erwartet den Menschen das Glück, die
Liebesbeziehung der Dreifaltigkeit mitzuvollziehen. Im 1. Brief 3,2a betont
Johannes: „Jetzt sind wir Kinder Gottes. Was wir sein werden, ist noch Ge-

heimnis". Das bedeutet: Lebe jetzt schon in Vorfreude, dann wird sich dir das Geheimnis der Dreifaltigkeit lüften. Öffne deine Intimsphäre, und der Himmel ist jetzt schon in dir. Was kein äußeres Auge sieht, erhellt dein Inneres: Licht vom Licht.

Sonntage im Jahreskreis

2. Sonntag im Jahreskreis (Predigt nach der Lesung)
Lesung: 1 Kor 1,1-3
Evangelium: Joh 1,29-34

Korinth und seine heiligen Sündenböcke

Liebe Christen! Paulus besaß ein starkes Selbstbewusstsein. Er nahm für sich die gleiche Autorität in Anspruch wie die Apostel der ersten Stunde. Im Brief an die Christen in Korinth schrieb er in nicht zu hinterfragender Selbstverständlichkeit „Paulus, Apostel Christi". Dies scheint sein Signet zu sein. Mit sichtlichem Stolz nannte er sich „Heidenapostel". Strategisch wählte er große Städte zu seinem Werkgebiet. Sein Selbstbewusstsein war – auch, als er in Ketten gelegt war – frei und der Mut bewegte Paulus manchmal, mit dem Kopf durch die Wände zu stoßen. – *Wo Petrus furchtsam Kompromisse einging, trat ihm Paulus erzürnt in die Quere.* Dieser sah seine Neugründungen nicht als Filialen der Kirche von Jerusalem, denn die Voraussetzungen der Kirche von Korinth waren anders als die in Jerusalem. Die Christen in Korinth konnten nicht auf eine religiöse Tradition blicken, wie die Judenchristen. Paulus konnte nicht an eine Messiaserwartung anknüpfen. Es war ihm nicht möglich an die Vorhersage des Jesaja mit dem leidenden Gottesknecht zu erinnern wo dieser bereits auf Jesu Kreuzestod hinweist. – *Die Korinther bewegten sich in griechischem Gedankengut, als solche suchten sie Weisheit, um das Leben in den Griff zu bekommen.* Auch in moralischer Hinsicht waren die Griechen in Korinth anders gelagert als die Juden. Ihre Hafenstadt war eine der verrufensten in der Antike. Trotz spärlicher Nachtbeleuchtung glühte das Rotlichtmilieu.

Menschen, die in diesem Milieu groß geworden waren und dort leben mussten, wurden die von Paulus ausgewählten Gesprächspartner und -partnerinnen. Unter ihnen waren auch Sklaven. Ihnen erzählte er von seinem Sturz in Damaskus – vom hohen Ross direkt in die Arme Jesu. Dieser lasse ihn nicht los und gebe ihm doch freie Hand. Viele in Korinth wurden hellsichtig, ließen sich – betört vom begeisterten Paulus – anstecken. – *Paulus zeigt in beiden Briefen an die Korinther drastisch: Die frischgebackenen Christen aus dem Heidentum waren anfangs ungenießbar.* Sie wussten nicht, wie mit der neugewonnenen Freiheit der Kinder Gottes umzugehen, fühlten sich bald als die Mehr-Besseren. Obwohl sie alles andere als Heilige waren, schrieb Paulus mit der Anrede „An die Heiligen von Korinth". In 1 Kor 7,14 umschreibt er, warum Christen „Geheiligte" seien: Christus Jesus ist die Ursache. Er hat auch die

Kirche von Korinth mit teurem Preis erkauft. Mit der Hingabe seines Lebens zeigt Jesus, dass jeder Mensch höchster Preis wert ist. Paulus geht noch weiter und spricht die Stellvertretung an: Der in Christus geheiligte Mensch heiligt auch seine Umgebung.

Dass der zu Christus gehörende Mensch seinen Partner oder Freundeskreis heiligt, gilt für alle Zeiten. Hierin liegt zwischen den Christen in Korinth und uns kein Unterschied. Sowohl in einer Ehe als auch religiösen Gemeinschaft heiligt ein Mitglied das andere. Korinth bemühte sich damals um eine gemeinsame Hoffnung. Besteht eine solche heute noch? Hoffnung auf Beleben eines gemeinsamen Lebensstromes von Gott her und auf Gott hin? – *An solch einen Gottes-Strom schließt Jesus Christus die Menschen aller Zeiten.* Gemeint ist der Auftrag: Geht zu allen mit meiner Botschaft. Lasst die Gnade fließen nach Korinth, Amerika und Europa, Lateinamerika und Asien – von Afrika nach Japan und China. Die jeweiligen Kulturen und Traditionen sind verschieden gepolt – wo darauf Rücksicht genommen wird, ist durch bereichernde Vielfalt Einheit möglich. Erst in der Vielfalt der Stärke und Schwäche kann sich Heiligkeit Christi verwirklichen.

Liebe Schwestern und Brüder! Damals erklang die frohe, zur Heiligkeit befreiende Botschaft in der Gemeinde zu Jerusalem anders als in Korinth oder Athen. – Und heute? Rom vermag nur dann zentral zu bleiben, wenn es der jetzigen Vielfalt von Kulturen und Traditionen in Ost- und West-, Nord- und Süd-Kirchen Rechnung trägt und sie als in Christus Geheiligte frei atmen lässt. (Ev.: Joh 1,29-34)

3. Sonntag im Jahreskreis (Predigt nach der Lesung)
Lesung: Jes 8,23b-9,3
Evangelium: Mt 4,12-23

Vom Ort der Dunkelheit zum Licht von Sébulon und Náftali

Liebe Christen! Dichterin Marie Louise Kaschnitz hat persönliche Erlebnisse veröffentlicht unter dem Titel „Orte". Sie schreibt: „Ich bin überzeugt, dass Orte nicht wichtig sind wegen der geographischen Lage. Doch sind Einsichten und Weichenstellungen an konkrete Orte und Situationen gebunden." Wir erinnern uns an den Ort und den Umstand: „Damals wurde uns eine bestimmte Wahrheit bewusst, die unser Leben prägte". Zur Genüge hören wir von Liebe, Schuld und Verantwortung und wissen, was zu tun ist. Lebendig wird dies erst in einer konkreten Situation: Da, wo wir lieben und geliebt werden – der Ort, wo wir schuldig wurden und Vergebung erfahren durften – die Zeit, da uns Verantwortung bewusst wurde. Wir erinnern uns an die Menschen, die daran beteiligt waren.

Auch unser Glaube braucht Orte, um sich entfalten zu können. Hier liegt die Glaubensnot vieler begründet; der Glaube ist „ortlos" geworden. Das vorhandene Glaubensgut deckt sich nicht mit den gemachten Erfahrungen. Erinnerungen haben wohl alle: Religiöse Erziehung, Feiertage des Kirchenjahres, Erstkommunion, Firmung, Hochzeit. Es sind einzelne Ereignisse, deren Wirkung verkümmert, wenn wir darüber nur theologisieren und das Vokabular füllen. – *Sie prägen unsern Glauben erst, wenn vom Ort des damaligen Ereignisses in zäher Arbeit und unablässigem Beten Neues entfaltet wird.* Denken wir an Ort und Zeit unserer Hochzeit oder Profess: Wir erneuern sie oft und setzen die Versprechen in die Tat um. – Die gehörte Lesung nach Jesaja hat bereits Vorläufer heutiger Glaubenskrisen. Seine Verheißung ist örtlich klar bezeichnet: Sébulon und Náftali. Das Gebiet wurde von Israel getrennt und durch die Assyrer besetzt. Israel quälten die Fragen: Wird es mit uns zuende gehen? Kann das Vertrauen in Jahwe eine Wende bringen? – *Die Worte des Jesaja finden am Ort des Suchens und Fragens Gehör.* Sie werden verstanden. Die assyrische Besatzung ist so mächtig, wie eine dunkle Wolke. Befreiung vermag nur das Licht aus der Höhe bringen. Der Ort eines Krieges ist geeignet, Friede und Freude nur von oben zu erwarten. Wer gefesselt ist, weiß, was er sagt, wenn er von Gott „Lösen der Fesseln" erfleht.

Erst, wenn wir am Ort, wo wir leben, Dunkelheit, Fessel, Leid und Unfriede erleben, können wir Licht, Freiheit, Freude und Friede aufbauen. Die Wende beginnt da, wo der Mensch seine Schwäche einsieht. Die Botschaft Jesu wendet sich an Mühselige und Beladene. Schwache richtet sie auf. Dem modernen Menschen gibt sie Antwort im Suchen. – *Jeder Mensch wird am Ort, der für ihn bestimmt ist, von der frohen Botschaft eingeholt.* Wenn sich Traditionsgebundene und Moderne an der hl. Schrift orientieren, finden sie zur Mitte in Christus. Zu dieser Mitte führen viele Wege. Je nach Erfahrung, Einsicht und Empfindung des heutigen Menschen, sind es: krumme und gerade, steile und ebene Wege; schmale und breite Straßen. Sie alle werden beleuchtet vom großen Licht nach dem befreiten Sébulon und Náftali. Die Wege sind von Gott bereitet, gehen muss sie jeder selber. Im Gespräch mit Gott und den Menschen entwerfen wir einen Plan; d. h. wir leben nicht einfach in den Tag hinein. Unterwegs halten wir inne und überdenken: Wo stehen wir? Wenn wir unserm Wert und unserer Würde treu bleiben, finden wir zum Ziel in Christus, dem Licht. – *Wie damals, ist auch heute der Ort des Lichtes bedroht.* Moderne Verdunkelungen heißen: Fesseln durch die Mächte der Wirtschaft, Arbeitslosigkeit, versteckte Armut. Wo der Wohlstand durch Industrie und die Armut der Welt einen gemeinsamen Ort finden, ist auch heute „Jubel beim Verteilen der Beute" (vgl. Jes 9,2b). Der Nord-Süd-Konflikt und der West-Ost-Konflikt wären beseitigt. Die Klage der Unterdrückten und Gefolterten würde sich in einen Freudenruf verwandeln. – Der Ort der Befreiung zum Licht liegt beim Einzelnen. Wenn die Erfahrung mit dem Ich in Einklang mit der frohen Botschaft ist, leben wir ausgeglichen. Der Mensch wird von verschiedenen Sehnsüchten hin und her gerissen. Im Sehnen erwacht die Ahnung: Nur Gott kann mich bergen. In ihm verwandelt sich Angst in Zuversicht auf den Mitmenschen hin.

Liebe Schwestern und Brüder! Der Ort des Glaubens ist da, wo der Mensch über seine Grenzen ins Ja Gottes springt. Der Ort der Dunkelheit wird verlassen, wenn wir Krankheit, Gebrechen und Leid annehmen und in Gottes Hand legen. Der Ort der Verwandlung ist da, wo Neid und Hass der Gunst und Liebe weichen, wo Andersartigkeit die Gleichwertigkeit respektiert. – Der Ort, wo Jesus wohnte, nennt Matthäus Sébulon und Náftali. Fragen wir IHN: Wo wohnst du?, lädt er freundlich ein: Kommt und seht! – Lasst uns ohne Zögern seine Botschaft hören. (Ev.: Mt 4,12-23)

4. Sonntag im Jahreskreis
Lesung: 1 Kor 1,26-31
Evangelium: Mt 5,1-12a

Die Freude ist das Licht des Lebens

Liebe Christen! Die vielgepriesene Weisheitslehre versucht den Glückappetit des Menschen mit Worten zu sättigen. Der griechische Philosoph Epikur († 271 v. Chr.) entwickelte eine „Philosophie der Freude" und definiert diese in etwa so: Der Mensch kann nur in Freude leben, wenn er vernünftig, edel und gerecht ist. – *Unsere Zeit will Freude wecken in verschiedenen öffentlichen Bereichen mit „Glück-auf"-Angeboten:* Disco-Musik, Fernsehsendungen, Vorträgen, Büchern. Der Weg ins Land des Lächelns wird so gebahnt: Seine Länge reicht von einer Philosophie der Lebenskunst bis hin zum Glück der schlanken Linie. Die Theologie sonnt sich auf dem Berg der Seligpreisungen und warnt vor dem Unglück beim Abstieg. Ihre Anweisungen zum glücklichen Leben reichen vom Aufstehen am Morgen bis zur Auferstehung nach dem letzten Tag. – *Jesu Bergpredigt in sitzender Haltung wirkt entspannend und Jesus bietet der unzählbaren Schar Platz neben sich –* als Freund der Armen, Trauernden und Gewaltlosen, der Hungrigen und Durstigen, Barmherzigen und derer, die lautern Herzens sind – derer, die Frieden stiften, der Verfolgten um der Gerechtigkeit willen und solcher, die seinetwegen Schimpf und Schande erdulden. Sie alle sollen in ihren miesen Lagen vor Freude jubeln. Damit gibt Jesus zu verstehen: Ich habe Zeit für euch, verstehe des Menschen Sehnsucht nach Glück – erfahre an mir selbst, wie niemand will, dass sein Leben misslinge. Lernt von mir – glaubt mir, dass Gott jedem Menschen ein gelungenes Leben schenken will.

Als Jesus die Perle seiner Redekunst – die Bergpredigt – vorbereitete, fragte er zunächst sich selber: Warum will ich als Mensch glücklich sein? Ich und die um mich Sitzenden sehnen sich sehr nach einem Wort hinaus ins Weite und hinein ins Herz. In dieser Stimmung beginnt er zu reden. Die Zuhörer sind beglückt. Ihr Lehrer wiederholt noch und noch das Wort „selig". Der Berg der Seligpreisungen verleiht seinen Worten Feierlichkeit. Von oben legt er seine Marksprüche hinein in die Herzen: in die Personenmitte, in der die Tragkraft am stärksten ist; von oben wird beim Abstieg in den Alltag Drückendes leichter und Unglück relativiert.

Jesu Seligpreisungen sind Perlen seiner Sprache, weil sie durch Lebenserfahrungen leuchten. Sein Glück als Mensch fand er nur in Gott. Göttliche Worte der Weisheit legt er in menschliche Herzen. Sie sollen Seligkeiten austeilen wo Unseliges des Menschen Würde in Täler der Vernichtung wirft: Bei Terror und Krieg, Ausbeuten und Hamstern. Die seligpreisenden Worte wollen Glück bringen, wo Schuld, Angst, Einsamkeit, Krankheit und Sterben als Unglück das Einnachten bewirken. – *Wir können die Lebenskunst der Lehre Jesu nur verstehen, wenn wir zur Lebensfrage des Mitmenschen stehen.* Die Weisheit der Welt scheint mit „Glück-auf" zurecht zu kommen. Hunger und Armut werden bewusst übersehen, Terror und Gewalt eingeäschert. Ökologische Krisen will die Wissenschaft überwinden. Wo winkt dem Menschen das Glück, wenn nicht Gott der Winkende ist? Wenn der Mensch seines Glückes Schmied ist und Gott nur als Hammer benutzen will, kann kein Schmiedwerk entstehen. Eine Welt ohne Gott ist bald eine Welt ohne Menschlichkeit.

Der Glücksschmied Jesus aus Nazaret hämmert mit Logik auf eigene Lebenserfahrungen. So wird er jene, die er selig preist, bei den Niedrigen und Verachteten finden. Ihr Glück liegt einzig im Wissen: Gott hat mich erwählt, er will mir nahe sein, mich zum Himmel bestellen als seine Wohnung. Er, Jesus, Mitte der Erde und des Kosmos, will einkehren bei mir. In mir soll dann aufleuchten, wie das wahre Glück des Menschen aussieht. Auf dem Berg spricht Jesus Menschen an, die ihr Glück in seinen Worten finden; Menschen, die warten, bis die Freude an Gott ihr Wesen erfüllt. Wie Jesus seine Lebenserfahrungen weitergibt, mögen auch wir die unsern weitergeben, und weil sein gottmenschliches Glück nur glücklich machen will, dürfen wir des Glückes Schmied sein.

Liebe Schwestern und Brüder! Die Perle der Sprachschöpfung Jesu, die Bergpredigt, wird zur Herzenspredigt. Dort ertönt das „Selig". Ob ein Mensch mit Jesus sitzt und ihm zuhört oder ob er Jesus im Mitmenschen die Hand reicht, immer darf er hören: Selig bist du, selig seid ihr.

5. Sonntag im Jahreskreis
Lesung: 1 Kor 2,1-5
Evangelium: Mt 5,13-16

Sei ein Licht, das nicht blendet – Salz das nicht versalzt!

Liebe Christen! Der Schweizer Autor Johannes Niederer schrieb ein Buch „Geschichten von gestern für Menschen von heute". Darin erzählt er von einem Mann, der eine etwas komische Erleuchtung hatte. Ihm ging auf: „Ich muss, wenn ich Christ sein will, radikal drangehen." Im Eifer merkte er nicht, wie unerleuchtet er durch die Erleuchtung geworden war. *Er versuchte die Erde zu salzen und gab eine Prise zu viel.* So versalzte er das Leben seiner Mitmenschen. Und weil er sich vornahm, stets leuchtendstes Licht zu sein, merkte er nicht, dass sein „Licht der Welt" andere in ein Schattendasein drängte. – Als er eines Sonntags gewürzten Predigtworten lauschte und sich als Leuchte fühlte, drang ein Satz in sein Herz: „Wir können im Alltag zuweilen so radikal ‚christlich' sein, dass wir dabei radikal unchristlich wirken." – Dieser Christ durchlief drei Phasen des Christseins, die wir wohl aus eigener Erfahrung kennen.

Die erste Phase fällt auf durch Unauffälligkeit: Der Mann lebte von und für die Welt, war ein Kind seiner Zeit. Wochen und Jahre flossen im Strom dahin. Er bewegte sich vorwärts wie jeder andere auch – mit möglichst wuchtigem Wellenschlag, welcher andern das Vorwärtsrudern erschwerte. Das ist der Welt Tempo: Die ersten sind gesehen, die letzten interessiert niemand. Die öffentliche Meinung gab die Quantität seines Würzens an und bestimmte die Helligkeit seines Lichtes. So war dieser Christ weder „Salz" noch „Licht". – Wer sich gängigem Trend anpasst, ist nicht ab-, sondern eingeschrieben. – *Paulus mahnt die Christen Roms bei 12,2 seines Briefes vor diesem Trend in etwa:* „Gleicht euch nicht dieser Welt an – damit ihr prüfen und erkennen könnt, was der Wille Gottes ist, was ihm gefällt." Die Christen, die sich damals der Weltstadt Rom anpassten, sind nicht ausgestorben.

Mit der Zeit bahnte sich für den Mann die zweite Phase an, die des Auffallens – in der auch wir manchmal auffallen. Er sagt: „Ich fing an, Christsein radikal zu leben, die Bindungen an diese Welt zu lösen. Mein ganzes Wesen war Ohr für den Lockruf zum Besonderen und Außergewöhnlichen. Schließlich blieb ich bei der Frage: ‚Bin ich dann ‚Salz der Erde' und ‚Licht der Welt', wenn ich das Gewöhnliche verschmähe?" Dieser Mann zeigt die Gefahr für das Extreme, wird fanatisch, rücksichtslos, hartherzig. Enttäuscht wendet sich seine Umgebung ab, denn sie lässt sich nicht blenden und hat keinen Geschmack für versalzenen Fanatismus. – Er aber erinnert sich an die Predigtworte: „Wir können in unserm Leben so radikal ‚christlich' sein, dass wir dabei radikal unchristlich werden."

Damit war er reif für die dritte Phase: Er wurde ein Empfangender. Bevor er die andern zu verwandeln begann, musste er sich selber wandeln. – *Das erste Wandlungswort spricht Jesus selber.* Er befreit aus falschen Bindungen, führt weg von krankhafter Unruhe, erlöst von fanatischen Ideen. Wen die Kraft der Wandlungsworte in Bewegung setzt, weiß sich zuerst geliebt, denn Gott liebt immer zuerst. Diese Erfahrung macht liebenswürdig und gütig. – *Der Christ handelt erst, wenn er überlegt hat: „Wie würde Christus handeln?"* So kann Gott jede Tat bestimmen. Wenn Jesus lehrte, sagte er nicht: „Werdet wie Salz für die Erde!" Er stellt fest: „Ihr seid das Salz der Erde." – Als Salz der Erde haben Sie alle im Verlauf Ihres Lebens vielen „Fade-gewordenes" schmackhaft gemacht, verloren gegangene Freude suchen geholfen, Zweifelnden den Sinn des Daseins aufgezeigt, so manchen die Arbeit gewürzt, die Last des Alters unter die Worte gestellt: „Herr, dein Wille geschehe!"

Liebe Schwestern und Brüder! Jesus sagt nicht: „Ihr seid das Licht der Kirche", sondern „Ihr seid das Licht dar Welt". Salz streuen für den Weg in die Kirche genügt also nicht. Das Eis soll auf dem Weg in den Alltag durch Salz schmelzen. Und Licht erlischt nicht beim Schließen der Kirchentüre. Es hat seinen Sinn, wenn es in die Welt hinausleuchtet, da, wo Dunkelheit und Traurigkeit uns befallen wollen. Vergessen wir nicht: „Die Freude ist das Licht des Lebens!"

6. Sonntag im Jahreskreis
Lesung: 1 Kor 2,6-10
Evangelium: 5,20-22a.27-28.33-34a.37

Der Weg vom „legalisierten Unrecht" zur neuen Gerechtigkeit

Liebe Christen! Rabbi Wolf gibt Einblick in seine Auffassung von neuer Gerechtigkeit. – Ein Dieb schlich in seinen Garten und wollte im Dämmerlicht einen Sack Kartoffeln verschwinden lassen. Doch der Sack wehrte sich mit seinem ganzen Gewicht. Der Rabbi saß auf der Fensterbank und gewahrte durch den Vorhang den unbestellten Arbeiter. Dieser kniete und bückte sich vor dem Sack und mühte sich ab. Da eilte Rabbi Wolf auf leisen Sohlen hinaus, half dem mit dem Kartoffelsack sich „Abschuftenden" die Last auf die Schultern zu heben und ließ diesen Dieb davonziehen. – *Des Rabbi Familie und die Hausbewohner schüttelten die Köpfe:* „Wie kannst du diesem Halunken helfen, den Sack Kartoffeln fortzuschleppen?" Der Rabbi erwiederte: „Glaubt ihr, weil er ein Dieb ist, wäre ich nicht verpflichtet, ihm zu helfen?" – Hand auf's Herz: Dieser Rabbi hat die Weisheit nicht gepachtet – eine Gerechtigkeit, die dem Unrecht die Hände unter die Füße legt!! Der Rabbi antwortet auf solche Einwände in etwa: „Ich lebe in der auffallenden Tradition

der Pharisäer. Gerechtigkeit im Sinne von Gesetzestreue geht diesen über alles, gestreng nach dem einzelnen Buchstaben."
  Zunächst einige Überlegungen zum Verhalten der Pharisäer. Deren Tun und Lassen war keineswegs geringer Dignität. Dahinter war eine große Würde. Sie zeichnete sich aus durch religiösen Eifer und sittlichen Ernst. Der Name „Pharisäer" heißt „Ausgesonderter", „Nichtangepasster". – Jesus nimmt deren Gerechtigkeit als Maß und sagt: „Eure Gerechtigkeit muss größer sein, als die der Schriftkundigen und Pharisäer." *Er mutet seinem engsten Kreis, zu dem auch wir uns zählen, einiges zu.* Wir haben es bei den Pharisäern mit bekannten Gegnern aller Lauheit und Mittelmäßigkeit zu tun. Sie hielten die Gebote, studierten die Hl. Schrift, beteten lange und waren Asketen. Sie mussten sich die Achtung nicht mit Gewalt erzwingen. – Jesus sagt nicht, all das sei falsch. Doch es reicht nicht.
  Wo hinaus will denn der Radikalist Jesus mit den gehörten Worten über Gerechtigkeit? Der Versuch, sie zu entschärfen ist begreiflich, aber nicht berechtigt. Jesus denkt ganz konkret. Er verlangt nicht, dass wir mehr tun als die Pharisäer. Seine Herausforderung besagt: Wegweiser haben die Pharisäer aufgestellt, sogar zu viele. Sie verwirren. – Setzt euch in Bewegung auf dem Weg der Liebe. Sie ist das eine Notwendende, mit dem ihr vorwärts kommt. Je nach Bedarf ist sie zärtlich oder hart, wohl- oder wehtuend. – *Jesus stellt sich selbst als Maß der neuen Gerechtigkeit vor:* „Ich aber sage euch: Stellt nicht euer Tun zur Schau. Was immer durch euch geschieht, soll die Beziehung zu Gott beleuchten. Gesetzestreue ohne Liebe erstarrt und nimmt jeglicher Phantasie die Sicht." – Der hohe Anspruch bewegt und macht uns erfinderisch.
  Damit wagen wir als zweites den Sprung von den Pharisäern zu uns und hören: „Ich aber sage euch: Die Größe der größeren Gerechtigkeit ist nicht an eurer Leistung messbar – geschieht nicht in wunderbarer Selbsterlösung. Der Sprung gelingt im Loslassen der Selbstsicherheit in der Gewissheit: Ich bin von Gott angenommen, getragen und gehalten." *An Forderungen nach Gerechtigkeit fehlt es nicht.* Immer deutlich dringt die Mahnung in die Herzen: Hört ihr die Schreie nach Gerechtigkeit derer, die Ungerechtigkeit bitter erfahren? Merkt ihr das Verstummen anderer, deren Würde mit Füßen getreten wird? Seht ihr, wie das legalisierte Unrecht Menschen ausbeutet? Es gibt – Gott sei Dank – Stimmen, die antworten: Ich höre, merke, sehe und handle!
  Liebe Schwestern und Brüder! Die neue Gerechtigkeit, die Jesus fordert, beginnt bei unsern Gedanken und Wünschen, – diese gilt es zu erneuern. Festgefahrenes soll gelockert werden und Zwänge müssen der Freiheit Raum geben. Die neue Gerechtigkeit gilt in Politik wie in Wirtschaft – im persönlichen wie im sozialen Bereich. In der pluralen Welt will Jesu Weisung alle erreichen. – Die Impulse gehen von uns aus, wenn wir wie Rabbi Wolf dem Dieb helfen, unsere Kartoffeln zu stehlen.

7. Sonntag im Jahreskreis (Predigt nach der Lesung)

Lesung: 1 Kor 2,16-23
Evangelium: Mt 5,38-48

Tempel Gottes seid ihr, und der ist heilig

Liebe Christen! Der Reformator Martin Luther richtete an die katholische Kirche die Frage: „Woher kommt es, dass die Paulusbriefe bei euch so gut wie unbekannt sind? Sie sind doch die ältesten Stücke des Neuen Testaments." – Die Korintherbriefe sind aus den Fünfzigerjahren. Bei allen Briefen ist Paulus meist als Verfasser greifbar. – Die Zeitschrift „Christ in der Gegenwart" hat eine Notiz überschrieben mit: „Paulus – der verdrängte Apostel". Die Begründung lautete: „Die katholische Kirche schätzt ‚felsenfest' betonte Gesetze, Traditionen und Gewohnheiten." *Paulus aber betont in seiner Theologie „Freiheit des Christen vom Gesetz, sobald es den Menschen unterdrücke. Das Gesetz habe nur als Hilfe zu dienen auf dem Weg".* Angst vor Paulus ist Angst vor der Freiheit, welche der Hl. Geist schenken will. Nach Paulus muss nicht alles so bleiben, wie es war. So schreibt er an die Galater bei 5,1: „Christus hat uns befreit, und nun sind wir frei. Bleibt fest und lasst euch nicht von neuem das Joch der Knechtschaft auflegen!"

Paulus erstaunt uns schon mit dem ersten Satz der gehörten Lesung: „Korinther, wisst ihr nicht, dass ihr Gottes Tempel seid?" Er braucht die Frageform um zu betonen; „Ich erinnere euch, dass ihr Gottes Heiligtum seid. Denn der Geist Gottes wohnt in jedem einzelnen und in der Gemeinde als ganze." Tempel war für die Juden nur das Heiligtum in Jerusalem: als Wohnung Gottes und Zeichen seiner Nähe. König Salomon hatte allerdings Mühe, Gottes Gegenwart nur dort zu fixieren. Im Tempelweihgebet sagt er: „Siehe, selbst die Himmel der Himmel fassen dich nicht, wieviel weniger dieses Haus, das ich gebaut habe" (1 Kön 8,27b). – Die Griechen hatten viele Tempel. Noch heute begrüßt den Besucher von Korinth die Ruine des Apollotempels aus dem 6. Jahrhundert v. Chr. Die mächtigen Säulen aus einem Stein gehauen haben unten einen Durchmesser von 1,75 m.

Das Neue des Christentums steckt in der Erkenntnis: Es gibt keine Tempel mehr aus erlesenen Steinen. Tempel Gottes ist die Gemeinde. Paulus will mit dieser Betonung die individualisierende Tendenz der Korinther auffangen. Die geistbegabten Griechen sollen nicht die Vereinzelung pflegen. Die vielfältige Begabung dient dem geistigen Tempel inmitten der Gemeinde. – Paulus wartet in Drohungen auf: „Wenn einer den Tempel Gottes verdirbt, wird ihn Gott verderben." Jeder Angriff auf das Bauwerk, in dem Gott wohnte, war ein Angriff auf Gott. Schon ungebührliches Benehmen den Göttern gegenüber ließ den Frommen damals erzittern. Tempelschändung zählte zu den schlimmsten Verbrechen. So kam es, dass die Priester allein Tempeldienst hatten und mit den Göttern Umgang pflegten. – Paulus respektiert die Unantastbarkeit des heiligen Tempels. Doch er distanziert sich vom Gebäude: „Der Tempel Gottes ist heilig, und der seid ihr!" – Paulus fand nicht überall Gehör. – *Die Geschichte zeigt, dass das Kirchengebäude ausgeprägt als heiliger Ort dasteht.* Die Angst, sich da ungebührlich zu verhalten, nahm unverständliche Formen an. Das Bauwerk wurde zur missbrauchten Würde Gottes. Eltern durften die Kleinen nicht in den Gottesdienst nehmen – „deren plötzliches Zeigen mit dem Finger und die Mami-fragen gehören nicht in die Liturgie". Hierin hat die afrikanische Mutter mit dem Kind am Rücken sich nicht bekehrt. Sie sitzt mit dem Kind mitten im Gottesdienst. Die Messe im kleinen Kreis, bei der Altar und Tabernakel hinter dem Rücken waren, stieß auf Ablehnung. Das gehört sich nicht. – Scheinbar gehört es sich aber, seinen Individualismus zu pflegen und eine gottesdienstliche Versammlung zu ignorieren. Pauli Mahnung diesbezüglich stößt bis heute auf taube Ohren. Er nämlich beginnt den Korintherbrief, indem er sagt: „Ihr seid die berufenen ‚Heiligen' (1,2). Die Heiligkeit ist in euch gegenwärtig. Ihr selber seid Tempel des Hl. Geistes. Wenn ihr einander begegnet, will der unsichtbare Gott sichtbar werden im Gegenüber." – Gott wohnt nicht in Häusern aus Stein. Er will in der Mitte derer sein, die in der Liebe Christi miteinander umgehen. Die Missachtung der Gemeinde ist Tempelschändung.

Liebe Schwestern und Brüder! Paulus geht es um die Überwindung des Abspaltens von Gruppen, oder des Egoisten, der meint, seinen Gottesdienst allein feiern zu können. Sonderautoritäten erübrigen sich. Paulus, Apollos und Kefas gehören, wie alle andern, zur Gemeinde. Die Gemeinde aber gehört Christus – Christus gehört Gott. Bei allem, was in der Gemeinde oder Gemeinschaft geschieht, ist der Grundsatz: Was gilt das vor Gott? Was hat Bestand vor Gott? Christus wartet im Tabernakel, aber auch im Ess-Saal oder Arbeitsraum, und wo zwei in seinem Namen versammelt sind, sagt er: „Ich bin mitten unter ihnen." Die stille Kammer dient der sich heiligenden Vorbereitung. – Nach Matthäus hören wir jetzt Jesu Stimme im zweimaligen „Ich aber sage euch: Tut oder lasst dies und das, dann seid ihr die Heiligen – vollkommene Abbilder meines Vaters." (Ev.: Mt 5,38-48)

8. Sonntag im Jahreskreis

Lesung: Jes 49,14-15
Evangelium: Mt 6,24-34

Vier Anklagen an die langweilige Predigt und ein kurzweiliges Ergebnis!

Liebe Christen! Ein Pfarrer und ein Busfahrer kommen zum Himmel. Der Busfahrer wird vom Schlüsselträger Petrus mit Herzlichkeit empfangen und hineingelassen. Der Pfarrer aber wird unfreundlich abgewiesen. Er beschwert sich: „Wieso komme ich nicht in den Himmel? Ich war doch fromm genug! Viele Gottesdienste habe ich gehalten, andächtig viel gebetet, viele gute Taten selbstlos getan ... Dieser Busfahrer marschiert stolz in den Himmel; der sonntags immer unterwegs war. Wahrscheinlich sah er nie eine Kirche von innen ... Das ist ungerecht!" „Lieber Pfarrer", antwortete Petrus, „der Schein trügt. Du warst nicht frömmer, als der Busfahrer. Im Gegenteil: Wenn du gepredigt hast, haben die Leute geschlafen. Wenn der Busfahrer blitzschnell gefahren ist, haben die Leute gebetet!"

In den bunten, närrischen Fastnachtstagen können wir uns die Narrenfreiheit nehmen, einen Pfarrer unter der Lupe zu betrachten, dessen Predigt zum Einschlafen geschaffen ist. Ein echter Narr ist dieser Pfarrer nicht, denn der Narr bringt den größten Unsinn so interessant, dass alle gespannt zuhören und sich krank lachen. Jener Prediger hingegen bringt das Spannendste der Welt so langweilig, dass etliche gähnen und andere einschlafen. – *Warum ist die Predigt langweilig? Weil sie zu lang ist!* „Kürzen" heißt die Parole, ist der Wunsch. Da hält einer eine Predigt über Gottes wunderbare Schöpfung. Er nimmt Jesu Wort und schildert die Flüge der Vögel bis in die fernsten Länder. Dann begibt er sich mit den Lilien und den tropischen Pflanzen und Blumen auf den Flug in unsere Heimat. Schließlich verliert er sich in ängstlicher Sorge in den Grashalm, den Gott geschaffen hat. Er fügt bei: „Jeder Grashalm ist eine ganze Predigt!" – Am nächsten Tag mäht er seinen Rasen. Da hört er aus dem Fenster des Nachbarn: „Grüß Gott, Herr Pfarrer. Ich sehe Ihnen mit Vergnügen zu. Sie kürzen gerade Ihre Predigten!" – *Predigten können langweilig sein, weil sie lebensfremd sind.* – Ein Prediger geht zum Arzt und klagt: „Ich leide fürchterlich an Migräne. Obwohl ich nicht rauche, keinen Alkohol trinke, streng vegetarisch lebe, fühle ich ständig einen eisernen Ring um meinen Kopf!" Der Arzt schaut ihn lächelnd an: „Der eiserne Ring ist der Heiligenschein, der Ihnen zu eng geworden ist. Den haben Sie sich nicht von Gottes Sorge aufsetzen lassen."

Warum sind die Predigten langweilig? Weil ihnen die Tiefe des betenden Herzens fehlt. Zum Beten gehört das Hinhören auf das, was Gott sagen will. Dazu hat mancher oft gar keine Lust. So wird irgendein Text heruntergebetet, ohne dabei etwas zu denken. – *Ein Pfarrer ging mit dem Kaplan auf Wander-schaft.* Sie übernachteten in einer Jugendherberge und teilten ein Etagenbett. Der Pfarrer legte sich oben hin. Wie gewohnt, betete er laut: „Abends, wenn ich schlafen geh', vierzehn Englein um mich stehn, zwei zu meiner Rechten . . .“ usw. Gedankenlos waren alle 14 Engel platziert. Da gibt es auf einmal einen fürchterlichen Krach. Er stürzt mit dem Bett auf seinen Freund, den Kaplan. Nach einiger Zeit kriecht dieser unten heraus und schimpft: „Das kommt davon, wenn man mit 15 in ein Bett geht!“ – Warum sind die Predigten nicht kurzweilig? Weil die Kirche lieber aus der Ferne gesehen wird. Woher kommt das? Die Kirche sind wir. Unser Angebot schmeckt oft schlecht. Das Salz ist schal geworden. So manches tun auch die Heiden. Das ging einem Seelsorger auf, als er im Zug saß. Ihm gegenüber setzte sich ein junger Bursche mit einer Tasche voll Bananen. Er schälte eine Banane, streute Pfeffer und Salz darauf, schaute die Banane an, schüttelte den Kopf und warf sie zum Fenster hinaus. Dann nahm er eine neue Banane, schälte sie, streute Pfeffer und Salz darauf und warf sie zum Fenster hinaus. So ging das, bis die letzte draußen landete. Der Geistliche schaute erstaunt zu und fragte ihn schließlich: „Warum werfen Sie die Bananen weg?“ Prompt kan die Antwort: „Weil sie nicht schmecken. Oder essen Sie Bananen mit Pfeffer und Salz?“ – *Dass seine Predigten langweilig sind, stellte ein anderer schon bei seiner ersten Predigt fest.* Er wollte über den guten Hirten predigen. Er begann: „Ich bin der gute Hirt . . . Ich bin der gute Hirt . . .“ und wusste nicht weiter. Nochmals fing er an: „Ich bin der gute Hirt . . .“ Da räusperte sich in der Gemeinde seine Mutter und ruft: „Hör auf! Du bist und bleibst ein dummes Schaf!“

Liebe Schwestern und Brüder! Ein Trost bleibt: Der himmlische Vater weiß, was der Hörer braucht. Er gibt's den Seinen sogar im Schlaf. – Nach einer langweiligen Predigt kam ein älterer Bauer und wollte beichten: „Ich will nun mein Leben grundlegend ändern. Bis jetzt war ich ein großer Sünder. Heute soll das anders werden!“ „Was hat Sie dazu bewogen?“ „Ihre Predigt! Herr Pfarrer!“ Der Stolz machte sich beim Pfarrer bemerkbar. „Welcher gute Ge-danke hat Sie denn besonders angesprochen?“ „Sie predigen immer so lang, Herr Pfarrer. Da schlafe ich meistens ein. Als ich heute erwachte, hörte ich Sie sagen: Ich komme jetzt vom ersten zum zweiten Teil meiner Predigt. Wie ein Blitz durchfuhr es mich: Auch du musst einmal vom ersten zum zweiten Teil deines Lebens kommen. Darum bin ich jetzt hier!“

9. Sonntag im Jahreskreis (Predigt nach der Lesung)

Lesung: Dtn 11,18.26-28.32
Evangelium: Mt 7,21-27

Verstehen, verkünden, beherzigen

Liebe Christen! Als Kindergärtner hörte ich, wie eine Mutter ihrem Teenager einen für mein Fassungsvermögen lange Unterweisung gab. Mit ernster Miene betonte sie am Ende: „Merke es dir und schreib's dir hinter die Ohren!" Meine Phantasie wurde wach. Ich stellte mir vor: So viel kann doch hinter den Ohren nicht Platz haben, griff hinter die Ohren, konnte sie nicht wenden. Also kann das Mädchen nicht lesen, was da geschrieben steht und auch andere hätten zum Entziffern ihre liebe Not. Somit war für mich hinter den Ohren nicht der richtige Platz für eine Notiz. – Moses ist gemäß gehörter Lesung ortskundig für die Aufbewahrung wichtiger Notizen über Jahwes Mitteilungen – dessen Mahnungen zur Treue, damit Segen auf allen ruhe. Dann weist Moses auf den richtigen Tresor zum Aufbewahren. „Schreibt meine Worte euch auf's Herz und auf die Seele; notiert sie auf die Armspange am Handgelenk, als Schmuck mögen Jahwes Weisungen eure Stirn zieren". Die göttlichen Gebote sind auf die Zukunft gerichtet.

Der Seelsorger Moses und seine Frau Zippora machen sich Sorgen um ihr Volk. Sie sorgen vor für das Leben im gelobten Land. Wenn die Leute von Milch und Honig überhäuft, Freude und Erleichterungen erleben, werden sie dann an das Frühere noch denken: Die Strapazen und die Handreichungen Jahwes; das Murren mit ausgetrockneten Stimmbändern und den als Antwort murrenden Gott? Werden sie dem Sinai-Bund treu bleiben oder andere Bündnisse eingehen? Werden sie vergessen, wie sie Manna gegessen haben? – *Moses überlegt mit Zippora, was auf dem Spiel stehen wird.* Ungeschminkt serviert er seine Bedenken: „Ihr könnt mit freiem Willen wählen – an jedem Morgen eures Lebens neu entscheiden. Jeder Tag hat sein Weg-Angebot; die Wegwahl obliegt eurem freien Entscheid. Bewegt ihr Herz, Verstand und Hand – mit Gottes Gebot-Wegweiser begleitet euch Jahwes Reisesegen. Lauft ihr aber Göttern nach und missachtet Jahwes Gebote, seid ihr vor ihm auf der Flucht vor seiner segnenden Hand: Diese Flucht wird ein Fluch sein, denn die Falle klappt zu. Trägt ihr aber das Band der Freude Jahwes um die Stirn, ist dies Zeichen seiner Treue und bedeutet gesegnetes Leben! Lest, was für Handlungsanweisungen auf der Armspange stehen; betretet den Weg der Mystik und vertieft euch in die Weisungen, die auf das Herz und auf die Seele geschrieben sind".

Moses und seine Frau bereiten Verstand, Herz und Hände im Voraus auf Jesus hin. Wie Moses vor Zeiten, fasst Jesus seinen Kerngedanken in der

Bergpredigt zusammen. Beide, Jesus und Moses, schärfen den Zuhörenden Wichtigstes mit Nachdruck ein. Jesus spricht ebenfalls den Verstand an. Denkt daran: Nur mit „Herr, Herr" sagen ist es nicht getan. Ihr habt meine Worte gehört, nun ist es an euch, diese auf euer Herz und auf eure Seele zu schreiben. – Dann weist er mit einem Beispiel hin auf die beschriebene Spange am Handgelenk. Klug ist der Mensch, der die Weisungen am Handgelenk liest und so den guten Bauplan benützt: Sein Haus stürzt, auch bei Hurrikan und Hochwasser, nicht ein.

Jesus und durch ihn Moses gehören nicht der Vergangenheit an. Auch heute ergeht die Frage: Haben wir Gottes Wort auf das Herz und auf die Seele geschrieben? Sind seine Weisungen an der Spange unseres Handgelenkes, sodass die Anweisung, die darauf steht, die Hände zum Mitmenschen hin bewegen? Tragen wir unser Stirnband, geschmückt mit Jesu Signet, so, dass unser Denken von ihm geleitet wird? Diese Fragen werden jeden Morgen neu gestellt. Statt diese Worte hinter die Ohren zu schreiben, wollen wir sie durch die Ohren ins Herz dringen lassen. Da das Herz **allein** gut sieht, werden Gottes Weisungen beherzigt. Das weise Herz vermag Anweisung für barmherziges Handeln zu geben.

Liebe Schwestern und Brüder! Im Zeichen der kleinen Kreuzzeichen zu Beginn des Evangeliums wird unsere Bitte sichtbar. Wir bezeichnen Stirne, Mund und Herz. Damit erklären wir uns bereit, unsern Verstand für die Worte Jesu zu bereiten, sie mit dem Mund zu verkünden und in der Tat zu verwirklichen. (Ev.: Mt 7,21-27)

10. Sonntag im Jahreskreis (Predigt nach der Lesung)
Lesung: Hos 6,3-6
Evangelium: Mt 9,9-13

Gott ist menschlicher als der Mensch

Liebe Christen! Zunächst ein Tasten nach dem Gefühl Gottes für den Menschen: Meine Nichte hat kürzlich eine Stelle als Apothekerin angetreten. Zuvor fragte sie eine im Geschäft Angestellte: Kannst du mir unsern Chef etwas schildern? Ich wüsste gern, mit was für einem Typ ich es zu tun haben werde. – Prompt kam die Antwort: Ich kann dir leider nicht helfen, denn ich kenne ihn nur als den sachlich Orientierten, Unnahbaren – taucht er auf, ist sein Blick prüfend den Fläschchen und Verpackungen zugewandt. Was er sagt, ist belanglos, objektiv fragend, ein Nicken und schon verschwindet die graue Eminenz hinter dem nächsten Regal. Seit ich vor sieben Jahren hier begann, hat dieser Mann den gleichen Gesichtsausdruck – überlegen und gelassen. Für das Verhalten eines Chefs gab es bislang ein unumschriebenes Gesetz: Der

Chef sei über jeglichem Gefühl erhaben, Haltung bewahrend, die Ruhe in Person. Sich eine Blöße zu geben, schien nur als Glatze geduldet zu sein. – Solch ein beherrschendes Herrscherbild wurde *nicht selten auf Gott übertragen*. Die hohen Wissenschaften der Philosophie und Theologie verstanden einleuchtende Argumente in Druck zu geben mit Überschriften wie: Gott, das absolute Sein, ist unveränderlich; Von Ewigkeit zu Ewigkeit derselbe; Gott ist fern jeglicher Empfindung – er lacht und weint nicht.

Allmählich wandelt sich das statische Gottesbild und mit ihm auch der Chef mit dem steifen Kragen. Die Hl. Schrift kennt den statisch unbeweglichen und gelangweilten Gott nicht. Von teilnahmsloser Willkür keine Spur! Nach Ps 2,4 lacht Jahwe und spottet über seine Feinde. In Dtn 1,34f schwört Gott zornentbrannt, die Treulosen aus dem Bundesvolk sollen das gelobte Land nicht sehen. Laut Hos 6,4 zerbricht sich Jahwe den Kopf: Wie kann ich die treulose Braut „Ephraim und Juda" wieder zu mir locken? – In Jesus ist Gott menschlich in Eile: Nach Lk 15,7 par; 15,10 läuft er den Menschen nach, freut sich, wenn diese zu ihm umkehren. Die mütterliche Güte Gottes übernimmt die Sorge für morgen. Nach Lk 11,5-7 und 18,1-5 spricht Jesus vom offenen Ohr und mitfühlenden Herz Gottes: Gott beschenkt auf Drängen hin, gleich jenem, der um Mitternacht seinem Freund Brot gibt – oder: den Unnachgiebigen, der bittet, wie jene Witwe. Jesus ermutigt: Schreit Tag und Nacht zum Vater. In Lk 6,20f par wird gezeigt, wie Gott sich freut vor allem jene Menschen zu beglücken, die auf ihn warten. Jesus war der sichtbare Beweis, wie sehr Gott mit den Menschen teilt und Anteil nimmt.

Anderseits ist Gott ein verborgener Gott. Wer nach ihm fragt, entdeckt, wie verborgen er ist. Wer von Gottes Nähe spricht, stellt bald fest, dass er letztlich unnahbar ist. Wo bleibt die Antwort, wenn ein Mensch mit Gott redet? Die Unfassbarkeit besagt: Gott wäre nicht Gott, wenn er einfach „zu haben" wäre. Der Ruf des Ijob verstummt nie: „Gott, warum verbirgst du dein Antlitz?" (vgl. Ijob 13,24). Unzählige wiederholen ihn ohne eine Spur von Gott zu Gesicht zu bekommen. Gott ist so undurchdringlich, dass die einen seine Abwesenheit beklagen und andere vom toten Gott sprechen. Zugleich wächst in Suchenden die Hoffnung: Gott verlässt mich nie. Ich sehe ihn zwar nicht, doch entdecke ich überall seine Spur. Aus gemachter Erfahrung entwickelt sich die Überzeugung: Wer sucht, der findet. Der Rat des Jesaja gilt auch heute: Sucht Jahwe, er lässt sich finden; ruft ihn solange er nahe ist (vgl. Jes 55,6). – In Jesus ist der anteilnehmende Gott mitten unter den Menschen. Gottes Gottsein wurde für alle, die Jesus kannten, überaus sympathisch.

Im Vater-unser spricht Jesus die Nähe eines Papi oder Mami an; der Betende kann in die Verborgenheit Gottes hineinsprechen, wie dies Kinder auf ihre Weise tun: Sie pflegen auch Gespräche ohne ein sichtbares Vis à vis.

Beim Propheten Hosea tut sich bei Gott einiges: Vom aufwallenden Zorn Gottes bis hin zum zärtlichsten Feingefühl. Der Prophet schlüpft sozusagen in Gottes Herz hinein. Gott wird ihm überaus sympathisch: Freude, Zärtlichkeit und Schmerz sind Gottes offene Geheimnisse; da gibt der Prophet seinem Gott einen roten Kopf – der Zornentbrannte ist kaum zu besänftigen. Nach Hosea hat Gott Charakter und für alles ein feines Empfinden. – *Jahwes Verhältnis zu Israel ist wie die harmonische Ehe.* Gott ist „eifersüchtiger" Gatte Israels, und er freut sich unsäglich über die Liebe seiner Gattin. Das Ziel des Exodus aus Ägypten ist Befreien der Braut, um sich mit ihr – der Auserwählten – zu vermählen. Jahwe wird zum Träumer; sein Liebestraum sieht eine neue Hochzeit, die bald hereintreten wird (vgl. Hos 2,18-27). *Nach der gehörten Lesung reagiert das Volk mit Vertrauen auf Jahwes engagiertes Mitgehen:* Als das Nordreich und Südreich von Nachbarn bedrängt wird und darum sogar ein Bürgerkrieg droht, packt das Volk die Reue. Der Ruf verbreitet sich: „Lasst uns zu Jahwe zurückkehren!" (Hos 6,1) „Nie hat er uns verlassen, auch wenn wir ihn verließen."

Liebe Schwestern und Brüder! Gott lässt sich nicht täuschen. Er weiß nur zu gut: Die Braut Israel ist in ihren Beteuerungen wie eine Fahne, die schwenkt, wie der Wind weht. Er klagt Ephraim an: „Deine Liebe gleicht... dem Tau, der schnell vertrocknet" (Hos 6,4b). Zugleich wendet sich Gottes Herz damals wie heute gegen den eigenen Verstand: Soll ich Israel sich selbst überlassen, nur gerecht sein, oder einen neuen Versöhnungsversuch machen? Jahwes Liebe erinnert ihn an die *bräutliche* Beziehung mit Israel. Er wählt einen Mittelweg: Er stößt Israel nicht von sich, nimmt aber die treulose Braut nicht bedingungslos auf. – So im Alten Testament. Und im Neuen Testament? Jesus zieht alle an sich, selbst Zöllner und Sünder von damals und heute. (Ev.: Mt 9,9-13)

11. Sonntag im Jahreskreis (Predigt nach der Lesung)
Lesung: Ex 19,2-6a
Evangelium: Mt 9,36-10,8

Vom Mutteradler aus dem Nest gestoßen; vom Vateradler aufgefangen

Liebe Christen! „Lobe den Herrn ..., der dich auf Adlers Fittichen sicher geführet" – ein Lied, bei dem wir die tragenden Flügel schlagen hören. – Das von Gott durch die Wüste geführte Israel spürte wenig vom Getragensein. Es hatte die Rettung aus Ägyptens Klauen vergessen. Jahwe erinnert sein Volk durch seinen Freund Mose: „Ohne mich wäret ihr immer noch Sklaven. Wie auf Adlerflügeln habe ich euch bis hierher gebracht. Mit Adleraugen sah ich in eure Not hinein. Behutsam nahm ich euch auf meine Fittiche. Ich werde meinen Flügelschlag verstärken, wenn ihr meinem Bund die Treue hält."

Welch großzügiges Angebot: Israel braucht nur anzunehmen, und es hat ausgesorgt.
Gott vergleicht seine erhebende Tragkraft mit Adlerflügeln. Wie der junge
Adler auf Vaters Flügeln, dürfen wir in Gott das Fliegen erlernen. – Wer kennt
ihn nicht, den König der Lüfte – den Adler, hoch in den Bergen kreisend. – *Ein
Adler erzählt:* „Meine bis zu zwei Meter weiten Flügel tragen mich durch die
Lüfte. Aus Erfahrung verstecke ich mich vor euch Menschen. Das Nest meiner
Jungen ist in der Felswand geschützt, und birgt meist zwei Eier. Wenn sie
ausgebrütet sind, haben der Vateradler und ich, die Mutter, viel zu tun, hin und
her fliegend mit der Nahrung für die kleinen Adler. Wenn unsere Jungen groß
genug sind, lassen wir sie tagelang allein. Verängstigt und hungrig fangen sie
an zu piepsen. Jetzt macht sich Vateradler mit dem Schlag seiner Flügel
bemerkbar. Ich Mutteradler fliege zum Nest und stoße einen der kleinen Adler
über die Felswand. Ängstlich macht der seine erste Flugübung. Ihm droht der
Sturz in die Tiefe. Jetzt fliegt der Vater herbei, fängt das Junge von unten mit
seinen Flügeln, und im Flug bringt er es zurück ins Nest. Ich Mutteradler stoße
das zweite hinaus. Nach kurzem Flattern landet auch dieses auf Vaters Flügeln
und wird ins Nest spediert. Wir wiederholen diese Flugübung jeden Tag. Dann
sind die Flügel unserer Jungadler so stark, dass sie selbstständig durch die
Lüfte kreisen können."
 Das Interview mit Frau Adler erinnert uns an das Wort Jahwes an sein Volk:
„Ich habe euch auf Adlerflügeln getragen." Damit beschreibt er seine mütterliche und väterliche Sorge. Mose singt im Lied Dtn 32 in Vers 11: Jahwe hilft
Israel, wie der Adler, der seine Schwingen ausbreitet, ein Junges ergreift und
flügelschlagend davonträgt. – *Gott muss sein Volk, das sich im fragwürdigen
Nest Ägypten befindet, herausstoßen.* Zunächst schwingt Israel befreit seine
Flügel. Beim Ermüden in der Wüste möchte es wieder zurückfliegen ins Nest
der Fleischtöpfe Ägyptens. „Warum hast du uns aus Ägypten herausgeführt?",
rufen die Murrenden zu Mose. Er beschwichtigt gemäß Ex 14,13: Fürchtet
euch nicht! Bleibt ruhig. Jahwe wird uns retten. Gottes Flügel retten das Volk
vor Verdursten und Verhungern, vor Zwistigkeiten und Feinden.
 Der Ruf Gottes erschallt bis in unsere Kirche: „Ihr habt gesehen, wie ich
euch auf Adlerflügeln getragen habe …" Im Nest der jungen Kirche war
damals ein unheiliger Rest in Gefahr durch Verrat und Verleugnung. Dieser
Rest heiligte sich zwischen Ostern und Pfingsten. Im Flügelschlag kommt der
Hl. Geist ins Nest des geborgenen Kreises. Er stieß die versammelten „jungen
Adler im Sturm aus dem Nest". Seit dem ersten Pfingsten wiederholt sich
dieses Ereignis. Die aus dem Nest Flatternden werden auf die ganze Welt
verteilt. Des Geistes Adlerflügel kreisen ununterbrochen. Sie tragen die Verletzten, schützen die Verfolgten, bewahren vor dem Sturz in die Tiefe. Die
Spannweite der Flügel des Adlergeistes reicht bis zu den Grenzen der Erde.

Die Getragenen antworten nach Psalm 23,4: „Müsste ich mich bewegen über dunkler Schlucht, ich fürchte kein Unheil, denn du bist bei mir." Liebe Schwestern und Brüder! Wir stellen dankbar fest: „Gott, du hast mich persönlich auf Adlerflügeln getragen. – Wie der Mutteradler, hast du mich herausgeschubst aus dem Nest der fragwürdigen Geborgenheit. – Wie der Vateradler hast du mich aufgefangen für den Flug aus der Not ins Vertrauen. – Ich danke dir für den Flug nach Hause." (Ev.: Mt 9,36–10,8)

12. Sonntag im Jahreskreis
Lesung: Röm 5,12-15
Evangelium: Mt 10,26-33

Was seine Hand geformt hat, kehrt in sie zurück

Liebe Christen! Bei einer Kunstausstellung wurde ein Werk gezeigt, dass die Länge des Saals einnahm: am Boden eine gerade Linie von geöffneten, leeren Konservendosen – am Ende stand ein Mülleimer. Einige blickten kopfschüttelnd auf das Kunstwerk, andere blieben stehen und dachten nach. – *Blechbüchsen und Mülleimer sind wie ein Schrei nach Lebenssinn.* Wozu bin ich in dieser Welt? Wo endet mein Leben? Diese Art Kunst besagt, wie sinn- und wertlos ein gottleeres Leben ist: Abfall für den Mülleimer! Weniger wert als ein Spatz! Zwei von der Sorte kosten immerhin paar Cents. Der Wert steigert sich bei dem, der sie geschaffen hat. Er kümmert sich auch um ihr Ende. – Beim Menschen hat er sogar die Haare auf dem Kopf gezählt. Wenn ein Haar ausfällt, weiß es nur er, der sie gezählt hat. Bei den meisten Menschen lichtet sich mit den Jahren der Kopfwald. Der Kahlköpfige kann die Haare, die noch verbleiben, zählen – nicht aber die ausgefallenen. – Dem Vogel, der gemäß des väterlichen Willens vom Dach fällt, ergeht es übel. Den Menschen, der mehr wert ist, als alle Spatzen, trifft das gleiche Übel: der Tod, das Übel der ganzen Schöpfung.

Jesus erlöst aus der üblen Lage im Wort: „Fürchtet euch nicht ...". Alles wurde von liebenden Händen gebildet. Hände sind der Abflugsort der Spatzen, und ihnen erwächst auch der Mensch bis hinauf zum Haarschopf. Auf und ab, Freud und Schmerz haben ihre Weisheit eingeplant. Was seine Hand geformt, kehrt in sie zurück, um die Reise in die Unvergänglichkeit anzutreten. – In seiner Hand hat auch alles Üble Platz: Leid und Sünde, Kranksein und Zweifel, Unglück und Angst – vorab das Übel des Todes. – *Einladung zur Furchtlosigkeit meint: Kuschle dich wie ein verängstigter Spatz in die offene Hand Gottes.* So mancher Mensch, dem Unglück und Sorgen die Haare grau färbten, ja, sie zum Ausfallen nötigte, strahlt Weisheit aus: ein weises Herz schlägt den Rhythmus der Liebe. Zur Liebe gesellt sich der Glaube – Glaube, dass der

Allmächtige sich um Kleinigkeiten wie Haarausfall kümmert. – Therese von Lisieux sagt: Heiligkeit ist die Veranlagung einer Seele, die uns in den Armen des Vaters klein werden lässt wie Kinder, vertrauend auf seine Güte bis zu Kühnheit. –

Wie Vertrauen zum tollkühnen Aufstieg führt, beschreibt Sven Stolpe in seinem Buch „Leicht, schnell, zart": Eine lange Leiter ist an eine steile Felswand gelehnt. Sie ist nirgends gesichert. Du musst hinaufsteigen. So, wie du in deren Mitte ankommst, beginnt die Leiter zu schwanken. Du blickst in die Tiefe. Der Mut macht der Angst Platz. Du steigst aber weiter. Es gibt keinen andern Weg. Aufatmend besteigst du die Sprossen der letzten Meter. Ein Windstoß! Du streckst deine Hand nach einem Felsvorsprung. Die Leiter stürzt. Kommt keine Hilfe, wird ein Sturz dein Ende sein. – Sich sagen: Hab keine Angst, wäre Unsinn. Doch einer Stimme lauschen, schenkt Vertrauen: Fürchte dich nicht . . . vertrau auf den, der Leib und Seele retten will . . . Du bist mehr wert, als dein irdisches Leben. Wenn du fällst, siehst du den da unten nicht, der dich auffängt. Der Sturz im Vertrauen ist möglich in der Gewissheit: Einer fällt mit mir und bewahrt mich vor dem im Nichts endenden Aufprall.

Liebe Schwestern und Brüder! Von den gezählten Haaren auf dem Kopf und dem sorglos fallenden Spatz hätte Jesus nicht erzählt, wenn er unsere Ängste nicht kennen würde. Mit den Worten: „Fürchte dich nicht . . . hab keine Angst", will er sagen: Hoffe, auch wenn es nichts mehr zu erhoffen gibt. Wisse um eine Liebe, die dich wärmt. Glaube beim Sturz, dass meine Hand dich auffängt und dorthin trägt, wo Hoffen in Erfüllung geht – Glaube schaut – die Liebe aber bleibt, weil du lebst.

13. Sonntag im Jahreskreis
Lesung: 2 Kön 4,8-11.14-16a
Evangelium: Mt 10,37-42

Gleich und ungleich gesellt sich auch

Liebe Christen! „Sage mir mit wem du gehst, und ich sage dir, wer du bist". Die Leute sind genial begabt im Beobachten. Sie beobachten, mit wem ich Umgang pflege, wen ich einlade. Je nach Titel und Portmonee ist die Wertskala eingestellt auf Tuscheln oder Staunen. Wir selber fühlen uns vermehrt geehrt, je ehrenwerter unser Besuch ist und tanzen um das goldene Kalb, wenn eine Finanzgröße mit uns eine Runde dreht. Stimmt hier die Annahme „Gleich und gleich gesellt sich gern"? Gemäß Jesus „ja", denn er sagt: „Wer einen Gerechten aufnimmt, weil es ein Gerechter ist, wird den Lohn eines Gerechten erhalten". Das heißt, er wird unter die Gerechten eingereiht. Der Lohn besteht darin, dass er wie seinesgleichen behandelt wird.

Der Lohn wird aber oft als Diskriminierung in Form seelisch-geistiger Verwundungen bezahlt. Der gerechte Mensch wird häufig in einer nicht gleich eingestellten Umgebung angefeindet. Lohn im negativen Sinn wird gerade Propheten und Prophetinnen ausbezahlt. Dies trifft zu, wenn Gottes Wort gegen die allgemeine Meinung spricht. Sollte jemand mit diesen Außenseitern Tischgemeinschaft pflegen, wird er im selben Topf weich gebraten wie diese. Auch die vielgepriesene Gastfreundschaft kann zur lebensgefährdenden Lastfreundschaft werden: In Zeiten der Verfolgung ist Unterkunft gewähren eine äußerst gefährliche Angelegenheit. Eine Jüngerin, einen Jünger verstecken wird dann mit dem Preis von Kopf und Kragen bezahlt. – *Den Lohn, den Jesus anbietet, gibt es in keiner Geldwährung.* Seinen gerechten, großen Lohn wird er schon auf seine Weise ausbezahlen. Es gilt aber auch, dass seine Jüngerinnen und Jünger im Ausüben ihrer Prophetie heute noch aufs Korn genommen werden: verlacht und verkannt, abgelehnt und ausgestoßen. Unter seinesgleichen bestätigt sich der Grundsatz „Gleich und gleich gesellt sich gern" – gemeinsam kehrt man sich ab.

Jesus hat den Hl. Geist hinterlassen, damit dieser – der jeweiligen Zeit entsprechend – seine Worte und Taten wiedergibt. Statt dem damaligen Angebot „des Propheten Lohn", verspricht der Geist heute vielleicht: Wer Asylsuchende aufnimmt, der wird Asylantenlohn empfangen; wer einer Gastarbeiterin oder einem Strafentlassenen Arbeit gibt, wird von der Öffentlichkeit gleichen Lohn wie diese empfangen. *Der Geist spricht auch hinsichtlich Gastfreundschaft in heutiger Verstehensweise zu uns.* Das heißt, beim Gäste einladen nicht an den eigenen Vorteil denken, sich nicht von Sympathie und Antipathie leiten lassen; Fremden gegenüber Anstand wahren und mit dem Gruß nicht zu warten; denen nicht aus dem Weg gehen, die unbequeme Fragen stellen; das Risiko eingehen, dass unsere Auffassung von einem andern abgelehnt wird. – Der Geist weist hin auf Jesus, der sich Problemen stellte, Risiken einging, mit Spitzeln Mahlgemeinschaft pflegte, Ausgestoßene integrierte und wenn nötig kein Blatt vor den Mund nahm. – Wenn jemand uns annimmt oder ablehnt, dürfen wir teilhaben an der Annahme oder Ablehnung Jesu. *„Gleich und gleich gesellt sich gern" genügt für Jüngerinnen und Jünger Jesu nicht, denn so bleibt alles beim Alten,* ghettoartig bleiben Menschen unter sich. Jesus aber ist gekommen, um das Antlitz der Erde dahin zu erneuern, dass Menschen – ohne Unterschiede zu machen – einander ins Gesicht blicken.

Liebe Schwestern und Brüder! Jesus nennt uns „seiner wert", wenn wir das eine Notwendige tun: Auf der Suche nach dem Leben in ihm und untereinander bleiben, denn ein Freundeskreis ist uns gegeben, damit er die Mitte sei. Wer beim einzelnen Menschen stecken bleibt, erreicht die Mitte nicht. Alles, was lebt, ist miteinander unterwegs bis hin zur Mitte der Erde – der Krippe und dem

Kreuz. Darum nehmen wir ihn auf mit *allem* was lebt, um „gleich" und „ungleich" mit ihm zu versöhnen.

14. Sonntag im Jahreskreis
Lesung: Sach 9,9-10
Evangelium: Mt 11,25-30

Gelassenheit in den sieben letzten Worten Jesu

Liebe Christen! Es gibt zwei Arten von Denken: rechnendes Denken und besinnliches Nachdenken. Das scharfsinnig berechnende Denken ist für die Bewältigung des Lebens unentbehrlich, aber es forscht nicht nach dem Sinn, der hinter allem waltet. Dazu ist Nachdenken in Ruhe und Gelassenheit notwendig. Dies bringt Ordnung in unser Dasein. Nachdenkend entdecken wir die Tugend der Gelassenheit. Sie bringt unser Inneres ins Gleichgewicht, ist wie der ruhende Pol, um den sich alles dreht. Ein gelassener Mensch vermag sich den Forderungen des Seins zu stellen – in Freuden und in Schmerzen. Gertrud von le Fort sagt in etwa: „Schmerz, ich will dich Freude nennen – Freude in dunklem Kleid." Sie hat begriffen, wozu Jesus einlädt: „Kommt, ihr Geplagten, ich werde euch ausruhen lassen" (vgl. Mt 11,28).

Seine Einladung gilt einer neuen Heimat – Heimat der Seele, die zur Ewigkeit aufgebrochen ist. Die Seele hat keinen Ort mehr, wo sie das Haupt hinlegen kann. – *Wer so durch die Welt geht, lebt nach Martin Heidegger gelassen gegenüber den Dingen und offen für Geheimnisse.* Heidegger definiert eine dreifache Gelassenheit. Als erste: Gelassenheit gegenüber Dingen. Mit Dingen meint er die Welt der Erfahrungen: Menschen und Ereignisse, Natur und Schicksal, Glück und Unglück, nicht ohne allem, was sich regt und bewegt, Nähe zu schenken. Als zweite: Im „Sich-heimatlos-fühlen" in der Nähe der Dinge sieht Heidegger Offenheit für das Geheimnis des „Ganz-andern". Geheimnisvoll ist es, weil wir keinen Namen haben für das, was wir sehnsüchtig erwarten. Daraus erfolgt als Drittes: die Nähe zum Geschöpflichen *und* die Nähe zum Absoluten. Es ist die schwebende Haltung eines Wesens, das in die Welt eingesenkt ist und sich immer nach dem „Ganz-andern" sehnt: die Haltung, welche Ereignisse und Schicksalsschläge an sich heranlässt und dabei in Gott ruht. Wie kommen wir zu dieser Gelassenheit und Ruhe?

Die Antwort gibt Jesus: „Ich werde euch Ruhe verschaffen". *Er ist der einzige, der uns echte Nähe, ruhiges „In-die-Nähe-gehen" lehren kann.* Er spricht, wie seine Mutter ihn lehrte: eine vom menschlichen Schicksal geprägte Sprache der Gelassenheit. Seine Worte versetzten in Staunen, besaßen die Macht, von Leid und Sünde zu befreien.

Die sieben letzten Worte Jesu sind ein Beweis dafür, dass er der Welt eine radikale Nähe gibt. – Das erste Wort: „Vater, vergib ihnen, denn sie wissen nicht, was sie tun" (Lk 23,34). Jesus spricht aus reiner Seele, die Nähe sucht. Zugleich erfahren wir radikale Vergebung und innigste Zuneigung zu jeglichem Sein. Jesus entschuldigt die Menschen. *Das Wort der Entschuldigung ist die Haltung letzter Gelassenheit und die erste Vorbedingung der Nähe zum Menschen.* – Das zweite Wort: „Ich sage dir, heute noch wirst du mit mir im Paradiese sein" (Lk 23,43). Ein Wort der Verheißung, wobei „mit mir" wichtig ist: „Ich bin mit dir, du bist nicht allein. Wir sind beide ans Kreuz genagelt. Vergessen wir also beide, was geschehen ist. Du, Schächer, bedenke: *Deine Sehnsucht nach dem Himmel schenkt Gelassenheit auf Erden."* – Das dritte Wort: „Siehe deinen Sohn! Siehe deine Mutter!" Christus schenkt dem Jünger Johannes alles, auch das ihm teuerste, seine Mutter. *Schenken ist eine wesenhafte Bedingung zur Gelassenheit.* Ein Geschenk gibt Nähe und persönliche Gegenwart. – Das vierte Wort: „Mein Gott, mein Gott, warum hast du mich verlassen?" Christus nimmt die absolute Einsamkeit auf sich. Wer sich bodenlos verlassen fühlt, kann bedingungslose Nähe schenken. *In erlebter Verlassenheit erwacht Gelassenheit.* – Das fünfte Wort: „Mich dürstet!" Gott bettelt bei uns um Hilfe. Damit schenkt er uns unbeschreibliche Nähe. *Das Sich-helfen-lassen gehört somit zur Gelassenheit.* – Das sechste Wort: „Es ist vollbracht!" Das Wort besagt: Ich bin am Ende. *Doch ich weiß, es gibt kein Ende,* weil du, Gott, mich aufnimmst in die Vollendung.

Liebe Schwestern und Brüder! Das siebte Wort: „Vater, in deine Hände befehle ich meinen Geist." Sein Geist ist in den Händen Gottes, d. h.: Er ist überall, wo sich menschliche Nähe ereignet, wo Vergebung geschieht und Hoffnung geschenkt wird, wo ein Mensch sich selbst verschenkt, wo jemand sich restlos verlassen fühlt, wo einer auf die Barmherzigkeit der Getreuen vertraut, wo ein Mensch die Einsamkeit aushält, wo jemand alles aufzugeben wagt, um etwas Unerreichbares zu erreichen. Überall da ist Christus anwesend.

15. Sonntag im Jahreskreis
Lesung: Jes 55,10-11
Evangelium: Mt 13,1-9

Zwischen steinigem Acker und Humuserde

Liebe Christen! Es gibt verschiedene Äcker. Als kleiner Junge hörte ich unserm Nachbarn gerne zu, wenn er von seinen Äckern erzählte: Der ob dem Wasser war das „trockene und staubige Acherli". Die Saat ging auf, doch fiel der Regen aus, war es auch mit der Ernte aus. Das zweite „Acherli" lag unterhalb einer Felswand. Der Schatten des Felsen und der steinige Boden bewirkten, dass etliche Körner nicht aufgingen – trotz Bewässern des Bodens. Es hieß das „magere Acherli". Dann aber leuchteten des Nachbarn Augen: Der Acker im Baumgarten – der Rentierende an der Sonnhalde gelegen, eignete sich für Kartoffeln, unten in der Ebene wuchs gutes Gemüse . . . und . . . und . . . Wenn der Nachbar seiner Begeisterung eine besinnliche Note gab, meinte er: Regen ist Segen, Gottes Liebe ist wie die Sonne. – *Im gehörten Evangelium bedeuten die vertrockneten, steinigen oder mit Ernte beladenen „Acherli" sich bewegende Menschen.* Vertrocknete Leute von heute bewegen sich durch alle Altersstufen. Die Eltern bemühen sich ins aufgeweichte Herz des Kindes den Glauben zu säen. Sie begleiten den wachsenden Menschen ins Gebetsgut. Später stellen sie oft fest: Was wir grundgelegt und gehegt hatten, vertrocknet, weil im Umgang und Milieu das religiöse Leben verweht. Andere, die gläubig heranwachsen, treten auf steinigen Boden im Acker des Berufslebens. Der Beruf fordert ein Höchstmaß an Leistung. Doch im Bereich des Glaubens und der religiösen Praxis wird meist nichts gefordert und der Acker liegt brach. Die christlichen Werte scheinen zu vertrocknen auf dem Ackerfeld der politischen und wirtschaftlichen Bereiche. – *Doch der Schein trügt, denn christliches Saatgut bringt früher oder später – hier oder anderswo – auf dem umfangreichen Ackerfeld der Welt teils hundert-, teils sechzig- teils dreißigfach Frucht.*

Hat Jesus als kleiner Junge auch von einem Nachbarn Acker-Erzählungen gehört? Er weiß bestens Bescheid über Beschaffenheit des Bodens, Säen und Reaktion der Saat. Mitten in seiner Lehrtätigkeit stellt er fest: Ich bin selber solch ein Sämann. Beim Volk ist der Ackerboden recht unterschiedlich: trocken, staubig und steinig – aber auch feucht, weich und humushaltig. Mein Wort will so vielfältig ins Herz gepflanzt werden, wie es Menschen gibt. – Nachdenklich fährt Jesus fort: Leider gibt es welche, die Unkraut, ja, Gift säen. Es sind meine Gegner und Volksverführer. Sie haben zwar verdächtig hellhörige Ohren aber spitze Zungen. Ihr Inneres bleibt verschlossen, ihr Herz ist erfüllt von der Weisheit der gottfernen Welt. – *Reisefreudig lädt der Jude Jesus ben Josef uns ein auf die Ackerfelder Palästinas.* So wandern wir mit ihm durch einen palästinensischen Herbsttag: Ein Bauer durchquert ein noch ungepflügtes Ackerfeld. Seine hohle Hand greift in den Samensack, der von der Schulter herunterhängt. Eine Hand folgt der andern, in weitem Bogen senkt sich die Saat zur Erde. Nach einiger Zeit tauchen Frau und Kinder mit dem Pfluggespann auf, und die Saat wird untergepflügt. Am Ende des großen Ackers stellen wir fest: Größtenteils ist der Boden trocken, staubig und steinig – es gibt auch feuchte Flächen und Humusmulden. Später, wenn die Saat aufsteigt, sehen wir ein großes Getreidefeld vor uns – da und dort kahl wie eine Glatze, paar Stellen dünn gespickt und einige üppige Streifen mit Ähren von der eigenen Last gebeugt. Quer durchs Feld sind Wege für ährenrupfende,

frohe Wanderer: im Ganzen eine herrliche Augenweide, geziert mit Mohn-
und Kornblumen – ein wohltuendes Rauschen für die Ohren durch strei-
chelnden Wind – von oben die lachende Sonne. Die Mühe der Ackerbauer hat
sich gelohnt, meint Jesus und fährt fort: Genauso ergeht es mir während meiner
Tätigkeit. Ich bestelle jeden Menschen wie einen Acker – dann verkünde ich
ganz Palästina das „Reich Gottes". Die Nähe Gottes wird so fassbar wie die
Körner in der Hand des Sämanns. Die Worte, die ich als Saat ausstreue, fallen
bei etlichen auf Unverständnis und trocknen aus; andere hören nur flüchtig hin
– das Wort verweht im Wind. Doch ich wusste beim ersten Spatenstich im
Acker des „Reiches Gottes": Kein Schritt und kein Wurf der Saat, die ich tue,
wird vergebens sein. Die Mühe lohnt sich. Meine gute Nachricht wird in den
Herzen aufgehen wie Saat im Ackerfeld und die Menschen werden schwer
beladenen Ähren gleichen.
Liebe Schwestern und Brüder! Es gab schon zu Jesu Lebzeiten Leute mit
hundertfacher, sechzigfacher und dreißigfacher Frucht. Wie das Saatgut hat
auch die Botschaft ihre eigene Kraft in sich. Wir können die Kraft zum Werden
und Wachsen in kein Herz pflanzen und niemand im Erfolg aufstängeln lassen.
Wer weiß, dass Gott über die Saat wacht und den Erfolg selber misst, sagt sich
eines: Ich will liebende Geduld üben und darin nicht ermüden.

16. Sonntag im Jahreskreis
Lesung: Röm 8,26-27
Evangelium: Mt 13,24-30

„Stopp" – dem Ausreißen!

Liebe Christen! Sprichwörter beleuchten Erfahrungen aus dem Leben – wie
etwa: Wer einen Esel kauft, erwirbt auch graue Haare. Oder: Wer einen Acker
kauft, erhält auch Steine. – Dahinter steckt die Erkenntnis: Das Perfekte,
Fehlerfreie gibt es auf der Erde, die in den Wehen liegt, nicht. Theoretisch ist
diese Feststellung plausibel. Doch, sobald wir Gegenstände anfassen, unter-
suchen wir sie nach Gütezeichen. Wir kaufen die Katze nicht im Sack. Der
Mensch wird oft nach seiner Fehlbarkeit eingestuft und festgelegt – so sind wir
auf der Suche nach dem Perfekten, Fehlerfreien. Wenn nötig, wird mit Druck
nachgeholfen, sogar Gewalt angewendet. *Auch die Natur sollte nach mensch-
lichem „Perfekt-Verständnis" funktionieren.* Viele pflegen ihren Gemüsegar-
ten und die Himbeersträucher, Bauersleute haben ihre Äcker und Wälder. Der
Spezialist rühmt sich seiner Obstplantagen – ev. Weinberge. Villenbesitzer
lassen ihre Rasen und Gebüsche pflegen – die Öffentlichkeit hat ihre Parks. Sie
alle haben einen gemeinsamen Feind: das Unkraut. Diesen Namen trägt alles
Grün, das sich gegen den Willen des Eigentümers an die Oberfläche getraut.

Mit speziellen Unkrautvertilgern oder unsanfter Hand wird dem Unkraut ein jähes Ende bereitet. – *Wanderer kennen Unkraut nicht:* Auf der grünen Weide bewundern sie den gelben Hahnenfuß, beim Kornfeld besingen sie die Kornblumen und grüßen den roten Mohn. In den Gärten bestaunen sie die wächsigen Rosa-Winden und in den Weinbergen werden hochgewachsene oder Zwerg-Disteln bestaunt.

Als Wandernder meldet sich der Prediger Jesus. Sofort hat er ein Gleichnis zur Hand: Das vom Unkraut unter dem Weizen. Die ihm Zuhörenden wussten bald Bescheid – er meint den Taumellolch. Diese Pflanze ist ein Volltreffer im Unbeliebtsein und steht für „Unkraut verdirbt nicht". Sie wächst und gedeiht im ganzen mittleren Osten herrlich und wird für den Ackerbau zur Plage. Ihr Geschmack ist bitter. Wer erbrechen sollte, braucht nur wenig davon, um den Magen zu leeren und wer zuviel zu sich nimmt, kann sich eine Magenvergiftung zuziehen. – *Warum Jesu Rat: Lasst Taumellolch und Weizen wachsen bis zur Ernte!* – Warum? – Die Bauersleute können die Unkrautpflanze vom Weizen nicht unterscheiden. Das geübte Auge sieht lediglich, dass alles Wachsende dichter ist, als wenn nur der Weizen aufgehen würde. Wer während der Wachstumszeit Taumellolch ausreißen will, wird mit voller Garantie auch Weizen ausreißen. Zur Zeit der Ernte fällt das Unterscheiden leicht: Der reife Weizen neigt sich der Erde zu, Taumellolch bleibt aufrecht stehen. So kann Unkraut leicht gebündelt und der Weizen schadlos geerntet werden.

Jesus will mit seinem Gleichnis sagen: Der Mensch ist Unkraut und Weizen zugleich. Des einen Unkraut ist des andern wertvolles Kraut. Voraussetzung ist, dass, was in uns gesät wurde, sich auf der Oberfläche zeigen darf. Wer alles, was bei ihm wachsen will, unterdrückt, gleicht einer Wüste. – *Wo immer ein Mensch wächst, sich entwickelt, entfalten sich eine Menge Fähigkeiten:* die Fähigkeiten zu genießen und verzichten, zu lieben und sich lieben zu lassen, Kontakt herzustellen und das Alleinsein zu bejahen, zu teilen ohne verteilt zu werden. Kräfte, welche diese Fähigkeiten hervorbringen und sie zum Wachsen bewegen, schließen negative Neigungen mit ein: Furcht bis hin zu Verzweiflung, Erregung bis zum Wutanfall, Stolz bis zur verbohrten Sturheit, Eigensinn bis zur Intoleranz. Wie erleichternd auf diese positiven und negativen Möglichkeiten der Glaube, dass Gott in Verantwortung gutem Weizen zur Ernte verhilft!

Das Problem liegt beim Menschen, der bei sich oder beim anderen Unkraut entdeckt. Der Knecht im heutigen Evangelium reagiert empört: Schnell zur Hacke! Vom Feind Gesätes muss raus! – „Der Knecht", das sind wir. Uns hat etwas oder jemand geärgert und unsere Reaktion ist unbesonnen. Augenblicklich soll das Etwas oder der Jemand verschwinden. Laut Evangelium gibt es zum Glück den Gutsherrn. Seine Antwort ist weise und bestimmt: Lasst Unkraut und Weizen miteinander heranwachsen – Taumellolch könnt ihr ja nicht vom Weizen unterscheiden! Lasst das Ausreißen und Abmähen des Unkrauts, wenn euch der Weizen kostbar ist. – Der Gutsherr, welcher den Weizen in uns sät, mahnt weiter: Wenn ihr zu sehr an euren Mängeln reißt und zerrt, euren Fehlern den Kampf ansagt und all das Verdächtige niedermäht, leiden eure Talente und Fähigkeiten. Das Rupfen und Jäten an den Fehlern der andern und das Glattmähen der Mängel hinterlässt ein ödes Kampffeld. Aufeinander zugehen können nur solche, die das Gute in sich selber sehen und an das Gute im andern glauben. Wer nur fixiert ist auf das Unkraut, übersieht den Weizen.

Liebe Schwestern und Brüder! Jesus befreit, indem er uns die Angst vor dem Unkraut in und um uns wegnimmt. Er lädt uns ins Leben ein: Wachse und entfalte dich mit deinem Weizen und deinem Unkraut und räume diese Möglichkeit jedem andern ein.

17. Sonntag im Jahreskreis
Lesung: 1 Kön 3,5.7-12
Evangelium: Mt 13,44-46 (Kurzf.)

Eine Perle, von Gott selber bewohnt

Liebe Christen! Wieviel Zeit der Perlenfinder investierte, wissen wir nicht. Er kannte sich offensichtlich aus, denn seine Augen waren nur auf Schönes gerichtet und sogleich sagte ihm seine Mineralien- und Muschelkenntnis: Diese und keine andere Perle will ich haben, denn sie ist von einmaligem Wert. Risikofreudig ist der Kerl, denn er verkauft alles und freut sich mausarm an einer Perle. – So viel kostet also die edelste Perle, das „Himmelreich" – mehr als alles kann niemand hergeben. – *Wir wollen uns Jesu Kaufmann näher ansehen.* Nach heutigen Voraussetzungen kann er sich mit Handels-Diplom oder gar Handels-Hochschulabschluss mit Doktorhut ausweisen. Riskante Investition gehört zur Ausübung seines Berufes. Auf der Suche nach kostbaren Gesteinen oder Perlen ist er unermüdlich. Als kluger Kaufmann verkauft er in flauen Zeiten sogar seine persönlichen Effekte in der Hoffnung, dass der Lebenstraum seines Kaufmannlebens in Erfüllung gehe.

Im Urtext, in der griechischen Sprache, ist dieser Mann kein Ladenbesitzer, Krämer oder Unterhändler. Er bewegt sich im Großhandel, ist Export-Import-kaufmann. Beständig auf Handelsreisen ist er ein All-Round-Man. Immer unterwegs von einem Land in ein anderes, befindet er sich zur Zeit bei einer Perlenfundgrube. Somit ist mit „alles, was er hatte" nur gemeint, was solch ein Reisender bei sich hat. – *Dieser Großkaufmann hat nach Matthäus ein besonderes Ziel:* Als Spezialist im Mineralien und Muschelgeschäft sucht er zur Zeit nach schönen Perlen als ein gewogener und scharfprüfender Händler.

Nach Matthäus tritt die Pointe oder der besondere Wert der schönen Perle klar hervor als kostbarster Schatz: das Himmelreich. Übrigens umrahmt das Perlen-Geheimnis zwei weitere Himmelreich-Geheimnisse. Der Schatz im Acker und ein „Fischnetz" – in einem Atemzug drei Vergleiche im Umfang von nur fünf Versen. Die schematische Einheit der Einteilung zeigt deren Verbundenheit: „Das Himmelreich ist gleich" ..., „Wiederum ist das Himmelreich gleich" ..., „Wiederum ist das Himmelreich gleich" .... Es ist eine Dreiheit, die Jesus anwendet um etwas Wichtiges einzuprägen, ein Gleichnistrias mit dem gleichen Wegweiser: „Himmelreich". Die Allegorie im Anschluss an das Gleichnis vom Fischernetz dürfte eine Matthäus-Beigabe sein: Nach dem Aussondern durch die Engel und dem kräftigen Wurf der schlechten Fische, der bösen Menschen in den Feuerofen, wo nur noch Heulen und trotz der Hitze Zähneknirschen möglich sei, erlaubte sich der Evangelist wohl seine Kompetenz zu überschreiten, die Jesus mit den Worten beteuert „Richtet nicht" .... *Matthäus setzt die drei Himmelreich-Vergleiche in die oft nicht allzu himmlische Wirklichkeit:* Da schwimmen Gute und Böse herum, also wird eine blanke Abrechnung gemäß Zollvorschriften durchgeführt, wobei etwas in die eigene Tasche durchschwimmen darf. Jesus wollte mit den drei Gleichnissen nicht die Hölle heizen, sondern uns den Duft für das Gottesreich vermitteln.

Das Gleichnis „von der Perle an sich" ist nicht das Himmelreich. Das Reich Gottes übersteigt an Schönheit und Kostbarkeit sämtliche Perlen auf dem Planeten Erde. Überwältigt von der Kostbarkeit, zögert der Kaufmann keinen Augenblick. Die erworbene Perle erschließt ihm eine neue Zukunft. Risikofreudig vergisst er die Wenn- und Aberbedenken. Im völlig neuen Gedankengut geleitet, erfährt er sich als neuer Mensch. Er wirft einen Rückblick in die Krämerei von vorher. Diese war Vorstufe und gehört jetzt unwiderruflich in die Vergangenheit. Es darf kein Zurück mehr geben.

Liebe Schwestern und Brüder! Das eine Notwendige ist ausgerichtet auf ihn, der selber die Perle – das Kostbarste ist. Machen wir das Geschäft unseres Lebens. Verkaufen wir uns an den, der uns loskaufte, an Jesus, der ein Mensch wurde, damit wir selbst Perle werden, deren Inneres Wohnung Gottes – Himmelreich ist. Immer, wenn er bei uns einkehrt, ist der große Augenblick. Täglich bietet sich jener Einblick, der alle Perlen an Kostbarkeit übersteigt: Das Himmelreich in dir und mir.

18. Sonntag im Jahreskreis
Lesung: Jes 55,1-3
Evangelium: Mt 14,13-21

Wunderliche Auslegung eines Wunders

Liebe Christen! „Alle aßen und wurden satt". Jesu Brot- und Fischwunder erlebt wunderliche Deutungen. Der ungebrochene Wunderglaube erlaubt kaum den Verstand und die Vernunft einzuschalten; anderseits gibt es das peinliche „Ausbeineln" – eine verstandesmäßige Deutung, die mehr zu wissen meint als der Wundertäter. Viele hören eine wunderliche Geschichte, die erzählt wurde als Vorläufer des „Letzten Abendmahls" am Pascha-Abend – als ein literarischer Griff, um durch Romantik das Herrenmahl in der Urgemeinde mit Volklore zu schmücken. Diese Deutung vom „letzten Abendmahl" her – gefeiert mit Erzählungen wie jener der Brot- und Fischvermehrung – setzt theologische Kenntnis voraus. – *Zum ungebrochenen Wunderglauben: Dieser erfreut sich in unserer Zeit keiner Hochkonjunktur, eher eines Tiefflugs mit Sturz ins Nichts.* Die rationale Auslegung will Verstand und Vernunft gebrauchen. Da werden fünf Brote und zwei Fische aufgetrieben. Im Gras sitzen fünftausend Männer – ein groteskes Bild von Männerdomäne!, nebenan auch noch Frauen und Kinder. Jesus passt nicht so recht in diese Schau. Dahin platzierte sich eher ein leichtverdaulicher Guru im Lotussitz, vor ihm ein Rauchstäbchen.

Die anthropologische Wiedergabe, die schmackhaft zu servieren versteht, ist im „Rucksackzeitalter" ein Renner für Predigten und Katechesen. Statt der knappen Ration, welche die Schar der Jünger für sich mitgenommen hatte, trug die Clique der Männer Trockenspeise im „Rucksack" nach Nomadenart bei sich. Jesus, dem Verpflegen im Freien vertraut ist, schaltet mit Schalom eine Pause ein und schon sitzen die Sippen und Großfamilien um eine Fülle, in der sich das notleidende Herz des Menschen und das mitleidende Herz des Menschensohnes begegnen.

Dieses göttliche Herz bewegt Herzen füreinander. Darum die Pointe der Wundererzählung: „Gebt ihr ihnen zu essen". Die Getreuen machen Jesus aufmerksam, dass den Leuten der Magen knurre. Jesus weiß zu gut, dass die Seinen mit ihrer Weisheit am Ende sind, und betont dies mit „Gebt *ihr* ihnen zu essen", wenn es euch möglich ist. Jetzt wird ihnen ihr Unvermögen bewusst und sie warten auf seine Anordnung: „Bringt sie her!" Die damals und wir heute erkennen eines: Die Hände Gottes teilen durch menschliche Hände alles Gute aus. Sogar ein Becher Wasser – in Jesu Auftrag in die Runde gereicht – bleibt erhalten für das überfließende Maß im Himmelreich. – Das Reich Gottes erfahren ist das Wunder aller Wunder. Durch die Speisung macht Jesus sich selbst zur Mitte der nach Brot, d. h. nach dem Himmelreich, greifenden.

Er, als Mitte der Herzen: Wenn wir Jesu Brot nicht mit Kopfarbeit sezieren und in den Rucksäcken uns nach Proviant umsehen, – wenn wir Wunderkraft ins Herz eindringen lassen, sehen wir klar das Wunder aller Wunder. Wir empfangen als Geschenk ein hörendes Herz das den Auftrag vernimmt: „Bringt sie alle zu mir!" Damit zieht Jesus uns in die Abendmahls-Gemeinschaft, die Eucharistie. Was wir dabei nicht vermögen, ist die Überforderung: „Gebt ihr ihnen zu essen!" Unsere Bereitschaft gilt dem Auftrag: Bring dich selbst und die andern her und seht, dass alle untereinander austeilen, bis alle satt sind. – Es gehört zu Jesu Wunder, dass sie nicht erklärbar sind, dass aber klar das Erbarmen Gottes im Menschen aufleuchtet.

Liebe Schwestern und Brüder! Bevor wir mit dem Verstand die fünf Brote und zwei Fische in kleinste Stücke schneiden, lassen wir dem Verteiler Raum in unsern Herzen, denn dort vollzieht sich das Wunder aller Wunder.

19. Sonntag im Jahreskreis
Lesung: 1 Kön 19,9a.11-13a
Evangelium: Mt 14,22-33

Der Sprung ins bedingungslose Vertrauen

Liebe Christen! In einer Stadt hat ein Artist sein Hochseil gespannt. Da oben gibt er seine Kunststücke zum besten – eines spannungsvoller als das andere. Das Publikum fiebert erregt und begeistert. Auf einmal wird's totenstill. Der Artist bewegt sich mit einer Karrette über das Seil. Donnernder Applaus! – Jetzt richtet der Artist seinen lustig bemalten Kopf nach unten und fragt: „Trauen sie mir zu, dass ich den Schubkarren auf dem Seil zurückstoßen kann?" Die Menge antwortet mit begeistertem Klatschen. Der Akrobat fragt nun einen, der den Mund vollgenommen hat: „Setzen sie sich in die Karrette?" „Nein danke, das ist mir zu riskant!" – *Dieser Zuschauer war nicht bereit, seine Person für das abenteuerliche Wagnis einzusetzen.* Er wollte eine Sensation ohne eigenes Risiko. Das vorbehaltlose Vertrauen in den Artisten fehlte.

Restloses Vertrauen ist da, wo ein Mensch sich ganz aus der Hand gibt. Das bedeutet ein Risiko, denn erst im Nachhinein können wir feststellen: Mein vertrauensvolles Übergeben hat Glück oder Unglück gebracht. – *Der Kreis Vertrauter ist meist sehr klein.* Wer nicht über die Ohren hinaus verliebt ist oder geblendet, wählt sorgfältig den Lebenspartner, den Chirurgen für eine riskante Operation. Das Vertrauen von Mensch zu Mensch ist ein Wagnis größter Verheißung, bei der gegenseitig alles in die Waagschale gelegt wird.

Das Vertrauen ist zeit- und end-los seit Jesus in die Sphäre der Menschen gekommen ist. Er ist Garantie, welche jedes zwischenmenschliche Vertrauen überhöht. Wer seine Überhöhung besteigt, erhält eine völlig neue Lebensaussicht – mit Blick ins Jenseits. – *Wenn wir unsere eigenen Wege gehen, kreisen wir um uns und was wir haben.* Gottes Wege mögen so riskant scheinen, wie das Hochseil: Wer hinaufsteigt, wird sich ganz an ihn klammern. Bonhoeffer sagt das so: „Gott leitet uns durch Glück und Unglück immer neu zu Gott." Jesus hat den Weg zu Gott gelehrt und seine Spuren – jedem angepasst – hinterlassen. Ungezählte bewundern ihn. Doch jene, die sich seinem Schubkarren anvertrauen, sind zählbar. *Jesus will keine Bewunderer, weil sie keine Veränderung wagen.* Sören Kierkegaard meint: „Ein Nachfolger strebt das zu sein, was er bewundert; ein Bewunderer hält sich für seine Person aus dem Spiel."

Simon Petrus hatte das feine Gespür für echte Nachfolge. Da kommt Jesus aus der Nacht heraus über den See. Die Seinen reagieren mit Angst und Bewunderung. Beruhigend erreicht sie die Stimme: „Habt Vertrauen, ich bin es." Von Mut gepackt ruft Petrus: „Herr, befiehl, dass ich auf dem Wasser zu dir komme!" Das Wort „komm" genügt und schon landet er auf dem Wasser. Er sieht nur noch den, der ihn gerufen hat. Der Ort, wo Jesus steht, ist bodenlose Sicherheit. – *Plötzlich erwacht in Petrus die Vernunft:* „Hätte ich doch vernünftig reagiert und wäre besser bei den Bewunderern im Boot geblieben!" Sowie das Vertrauen dem Misstrauen Raum gibt, beginnt Petrus zu sinken: Der innerlich kleiner werdende Glaube wird äußerlich sichtbar – die Petrusgestalt wird immer kleiner. Da sinkt er nun! Zudem ärgert er sich: Der Herr hat mich ins sichere Ertrinken gelockt!

Liebe Schwestern und Brüder! Wer sich mit dem Sprung ins Bodenlose gläubig zu Jesus begibt, steht vor der Entscheidung: Menschliche Sicherheit jedes Mal auf's Neue zu verlassen. – *Die Berufung in den Ordens- oder Ehestand ist nicht in einem Akt gefestigt.* Das Leben ist zu bewegt. Es gibt die stürmischen Nächte wie damals auf dem See. Jesus ruft auch uns: „Komm, spring in meine Arme!" Petrus und wir landen kleingläubig im bodenlosen Wasser. Sowie das Wasser zur Kehle steigt, ertönt der Angstschrei: „Herr, hilf!" Seine Hand und sein Wort „du Kleingläubiger" geben den Mut, uns wieder und wieder für ihn zu entscheiden bis zum Punkt des bedingungslosen Vertrauens. – Darum, bleibe nie als Bewunderer stehen! Wage risikofreudig den Sprung in Jesu bodenlose Sicherheit!

20. Sonntag im Jahreskreis
Lesung: Jes 56,1.6-7
Evangelium: Mt 15,21-28

Auch Jesus bläst Rückzug

Liebe Christen! Ein besonderer Charakterzug Jesu ist seine Vorliebe für das Sichzurückziehen. Der im gehörten Evangelium vermerkte Rückzug ist spannend und psychologisch interessant. – *Als Erstes die Warum-Fragen:* Warum bläst Jesus Rückzug nach Sidom und Tyrus? Warum begibt er sich zu Leuten, welche die Juden als die Letzten einstuften? – Jesus wurde schon damals von der Oberschicht verdächtigt, von der Tempelbehörde gleichsam steckbrieflich gesucht. Die Machtbereiche der Hohenpriester und Schriftgelehrten bildeten für ihn eine Bedrängnis, der er sich entziehen wollte. Die höchste religiöse und politische Behörde – der Hohe Rat – war für Jesus die schlimmste Gefahr. Auf ihrem Steckbrief stand in etwa: Wer den Volksverführer und Betrüger findet, erhält einen gewichtigen Goldklumpen. – *Trotz Steckbrief nahm die Zahl der Anhänger bedrohlich zu.* Wer ihn hörte, verstand jedes Wort. Das einfache Volk erkannte, dass der Glaube eines Abraham mit der Zeit ins Schwanken gekommen war und nun einer Stabilisierung bedurfte.

Der zweite Grund von Jesu Rückzug war das Erdrücktwerden vom Volk. So entschloss er sich, die Grenze zu den ihm scheinbar gleichgültigen Helden zu überschreiten. Er mag gedacht haben: Ich brauche Stille, die ich dort finden kann. – Zudem wollte er eine wichtige Aufgabe nicht vernachlässigen: sich seinem engsten Kreis zu widmen, ihn für seine zukünftige Aufgabe im Apostolat und in der Diakonia vorzubereiten.

Diesmal gelingt Jesus der Rückzug nicht. Ausgerechnet im Land, das für ihn – den Juden – nur Ablehnung und Verachtung finden kann! Hier begegnet er in der Kanaanäerin noch größerer Aufdringlichkeit, als in seinem Volk. *Jesus – der Jude – gibt sich zunächst erstaunt und reagiert zurückhaltend.* Er wendet sich ab. Doch die Frau kümmert das nicht. Als Mutter setzt sie sich vehement für ihre kranke Tochter ein. Auf den Knien versperrt sie ihm den Weg. Jesus aber gibt ihr keine Antwort. – Diese Heidin mutet ihm viel zu: Den Dämon soll er wegjagen von ihrer Tochter! Jesus sagt, dass die Heidin zu viel fordert: „Es ist nicht recht, das Brot den Kindern wegzunehmen und es den Hunden vorzuwerfen." – „Hund" galt als Schimpfwort für die Heiden. Außerdem galten die Hunde im Alten Testament als unreine Tiere. Die Frau reagiert blitzschnell, bellt gleichsam für die Hunde: „Du hast recht, Herr, aber den Hunden gehören die Brotresten, die vom Tisch fallen" (vgl. Mt 15,27). Statt die beleidigte Leberwurst zu spielen, dreht sie schlagfertig das Wort „Hund" zu ihren Gunsten und geht mit entwaffnender Logik zum Gegenangriff über.

Einer solchen Treffsicherheit kann und will Jesus nicht widerstehen. Er bleibt wohlwollend und staunend stehen: „Frau, dein Glaube ist groß!" – *Im Gegensatz zu den meisten Juden glaubt die Kanaanäerin dem jungen Rabbi aus Nazaret.* Mit dem Ruf „Herr, Sohn Davids, hab Erbarmen mit mir" spricht sie den Ehrentitel für den erwarteten Messias aus. Darum reagiert Jesus so spontan: „Was du willst, soll geschehen!" Und es geschah die augenblickliche Heilung der Tochter (Mt 15,28). – Wenn wir uns ohne Bedenken zum Sohn Gottes bekennen und sagen: „Wenn es Jesus nicht gibt, verzichte ich auf mein eigenes Sein", dürfen wir hören: „Frau, dein Glaube ist groß!"
Liebe Schwestern und Brüder! Solcher Glaube setzt hörende Herzen voraus – Herzen, die sich der leisen Stimme des Hl. Geistes öffnen, ihm antworten im aktuellen Ruf dieser Stunde, da wir die Selbsthingabe des Sohnes Gottes neu feiern. – *Er schließt auch die Verachteten, die Feindseligen und vom Leben Enttäuschten ein.* Gott liebt alle, auch jene, die schuldig oder unschuldig abseits stehen. Er kennt die Sehnsucht derer, die Liebe erwidern möchten und nicht können, bei denen der Glaube nicht im Erbgut ist. – Wage täglich neu den Ruf: „Herr, erbarme dich!" Dann darfst du das Staunen Gottes erfahren im „Frau, dein Glaube ist groß!"

21. Sonntag im Jahreskreis
Lesung: Röm 11,33-36
Evangelium: Mt 16,13-20

> Petrus im Examen: Theorie bestanden, im Praktischen durchgefallen

Liebe Christen! Wem von uns bleiben die Schulbankjahre nicht in greifbarer Erinnerung? Haften bleiben Prüfungsangst und Examenfieber. Prüfungen bieten sich meist doppelspurig an: im theoretischen und im praktischen Teil. Es gibt Prüflinge mit glücklichem Verstand und andere mit geschickter Hand. Selten sind jene, welche theoretisch und praktisch gleichmäßig begabt sind. Wichtig ist, dass der Mensch seine Fähigkeit erkennt und sich dazu bekennt – dann erst kann er der werden, der er immer schon war. – *Jene, die Jesus gemäß gehörtem Evangelium examiniert, werden nach Ablauf der Probezeit einer Zwischenprüfung unterzogen,* in der Erkenntnis und Bekenntnis getestet werden. Jesus stellt bei den bei ihm Lernenden zwei Fragen. „Für wen halten mich die Leute? Für wen haltet ihr mich?"
Die Prüflinge sitzen vor zwei schweren Aufgaben. Die erste wäre lösbar nach einer Volksbefragung. – In Cäsarea Philippi fand also so etwas wie eine Prüfungs-Wanderwoche statt. Die Prüflinge hatten die unterschiedlichsten Meinungen über Jesus gehört. Jesus selbst nennt sich Menschensohn – einer von vielen! Einige der Examinierten fragen sich: Stimmt die Annahme vieler,

der durch Herodes enthauptete „Täufer" sei wieder lebendig? Da spricht einiges dagegen: Ein Toter kehrt nicht wieder. Zudem benimmt sich Jesus anders als der Wüsten-Asket im Kamelpelz und der einseitigen Ernährung mit Heuschrecken und Honig. – *Jesu Mutter webt ihm passende Kleider.* Frauen bereiten Nahrhaftes und Jesus ist kein seltener Gast bei kleinen und großen Anlässen. Sein Erkennungszeichen könnte ein Rettungsring sein. Dieses Bekenntnis spricht das Volk, denn er ist zeitweilig Liebling der Nation. Wer behauptet, Jesus sei Johannes der Täufer, besteht das Examen nicht. – *Andere Prüflinge erforschen die Annahme theologisch Gebildeter sowie Schriftgelehrter:* Sie fanden in Papyrus-Rollen und via mündlicher Überlieferung Hinweise, dass Elija wiederkomme – und auch über Jeremia war Ähnliches in der Tradition verankert. Da erinnert sich ein Prüfling: Jesus widerlegt die Annahme, der mit Rossen und feurigen Wagen zu Gott entschwundene Elija (2 Kön 2,11) zu sein. Die einen der Examinierten meinten: Auf jeden Fall ist Jesus ein berühmter Prophet, andere ließen die Antwort in der Luft mit staunendem „Er ist mehr, als . . .". Die volle Erkenntnis fehlte und somit auch das klare Bekenntnis. Die Prüflinge mussten sich mit „ungenügend" zufrieden geben.

Die Befragten wandten ihre Blicke enttäuscht vom Examinator ab. Nur einer, Petrus, blickte spontan ins Herz seines Vertrauten. Es war nicht das erste Mal, dass seine klare Erkenntnis durchbrach. Er, der Praktikus im Netzauswerfen, sprach „wie im Wurf": „Du bist der Messias, der Sohn des lebendigen Gottes!" Damit hat Petrus den theoretischen Teil der Prüfung bestanden. Doch Jesus sagt, dass der Vater im Himmel der Souffleur gewesen sei: „Nicht Fleisch und Blut haben dir das offenbart, sondern mein Vater im Himmel." Dieses „Summa cum laude" wird nie mehr überstiegen werden. Als Auszeichnung überreicht Jesus dem Petrus die Schlüssel zum Haus seines Vaters. – *Es erstaunt, dass der Beste bei der theoretischen Prüfung und praktisch veranlagte Petrus die praktische Prüfung nicht bestanden hat,* denn nun führte Jesus die Prüflinge zu diesem Teil: „Ich gehe jetzt nach Jerusalem, dort erwarten mich Leiden und ein gewaltsamer Tod." Petrus will Jesus eines Besseren belehren und nimmt ihn beiseite. Aber Jesus entlarvt den Verführer in Petrus: „Weg mit dir, Satan, geh mir aus den Augen!" Dass Jesus am dritten Tag auferweckt werde, hatte Petrus wohl überhört. Seine Enttäuschung war zu tief. So saß er in der Falle und fiel beim praktischen Examen durch. Dies passierte Petrus noch einige Male: Am Ölberg ist er eingeschlafen; im Ölberggarten traf er, statt den Kopf, nur das Ohr des Malchus; beim Gericht in Jerusalem fiel er durch aus Angst vor einer Magd. Doch am See von Tiberias bestand er das Examen als Hirt: Es war die dreimalige Liebesprüfung.

Liebe Schwestern und Brüder! Die Glaubenspraxis verlangt von christlich Gesinnten Prüfungen. Auch für die ewigen Studenten kommt spätestens am Ende der Zeitlichkeit die Stunde der Examen. *Jeder Mensch macht seine persönliche Gotteserfahrung.* In der Stunde der Geburt wird das Talent nicht nur mitgeboren; Erziehung und religiöses Unterweisen erschließen nur Teilbereiche der Erkenntnis. Selbst die Theologie – Lehre über Gott – vermag die Erkenntnis letztlich nicht zu vermitteln. Das theoretische Examen in Erkenntnis und Bekenntnis können wir mit der Gnade Gottes bestehen. Für den Experten aus Nazaret ist der praktische Teil ebenso entscheidend. Er vollzieht sich in verschiedensten Teilprüfungen: bei Gebrechlichen, Invaliden, Kranken, Einsamen, Suchenden, Zweifelnden – aber auch bei Wohltuenden und Wohlhabenden gilt es, Teilexamen zu bestehen. Lassen wir uns beim Wiederholenmüssen der Teilexamen nicht entmutigen: Auch Petrus ist durchgefallen.

22. Sonntag im Jahreskreis
Lesung: Jer 20,7-9
Evangelium: Mt 16,21-27

Tagebuch mit Inhalt „Frisch von der Leber"

Liebe Christen! Während der Ferien verirrte sich mein Blick in die Geheimschublade und schon war das Tagebuch – vor x Jahren geschrieben – in meinen Händen. In die damaligen Gedanken und Empfindungen vertieft, fiel mir einiges auf, das Tagebüchern gemeinsam sein dürfte: Ein spontanes Selbstgespräch in einem wohligen Freiraum – dem Papier, dem so manches anvertraut werden konnte, was in einem Gespräch nicht möglich ist. Denn dort bauen sich sofort Bedenken und Barrieren auf wegen Kritik oder Angst, belächelt zu werden. – *Der gehörte Abschnitt des Jeremia war von ihm ursprünglich wohl auch für seine Geheimschublade bestimmt:* Als Notiz in sein Tagebuch. Sicher sind es nicht Worte für die Öffentlichkeit. Hier redet nicht einer im Auftrag als Prophet. Jeremia schreibt „frisch von der Leber", wie er sich in seiner Haut fühlt. Von Jahwe berührt, ist sein Herz zutiefst erschüttert. Sein Inneres schreit auf. Ohne Bedenken, geradezu rücksichtslos greift er Jahwe an. Seine Seele liegt offen und bloß in herausfordernder Geradheit da. Jeremia lässt uns in sein Herz hineinblicken, ein Herz, das sein Leid klagt.

Tagebuchnotizen in der Hl. Schrift verlaufen im Dialog mit Gott und sind von entsprechend dauerhaftem Wert. Der hier mit Gott ringende Jeremia steckt als Prophet in einer Berufskrise – einer Krise, die bis heute als biblische Warnung und weiser Rat gilt: Wenn du von deiner Gottesvorstellung enttäuscht bist, zeige dich mutig entmutigt, überspiele die Krise nicht. Fühlst du dich von Illusionen getäuscht, in Selbstmitleid schmorend, bleibe nicht darin stecken. Die innere Qual und dein Herzeleid breite aus vor Gott. Trete in leidenschaftlichen Dialog mit ihm. So lernst du, dass hadern mit Gott auch beten heißt. – *Sprechen mit Gott wie Jeremia: „Du hast mich betört, o Herr"* ist *ein Protest.* Übersetzt heißt das: Du Herr, hast mich betrogen, hast es verstanden, mich zu betäuben und reinzulegen. Jeremia beschuldigt Jahwe, er habe ihm bei der Berufswahl nicht frei entscheiden lassen, habe ihm Angst eingeflößt. – Und doch gerät sein Herz in Panik, wenn er sich sträuben will, Jahwes Worte weiterzugeben. So tat er es mit dem Gefühl eines Berufsgefangenen. Getreu nach des Herrn Weisungen, hielt er den Leuten deren Verirrungen vor, drohte mit dem Zeigfinger ins Unglück, falls sie nicht umkehren würden. Aber seine Warnungen wurden höhnisch verlacht. Statt etwas von ihm anzunehmen, lehnten sie den Propheten ab. Je öffentlicher er von Jahwes Geboten sprach, desto offensichtlicher wurden sie missachtet. So klagte er Jahwe an: Hast du mir als Weg nichts Besseres anzubieten, als diese Sackgasse? Verzeih, wenn ich auf solch einen Gott verzichte!

Hier reichen sich zwei Enttäuschte die Hände – Jeremia und Petrus. Petrus hat Gott in Jesus leibhaftig vor sich und versteht ihn nicht. Da steht dieser sein lieber und geschätzter Meister in der Vollkraft des Lebens, schreitet von Erfolg zu Erfolg, hat ihn zum Felsen und Schlüsselinhaber des Himmelreiches erkoren und schon erklärt er in abgeklärter Offenheit: *Ich werde vieles erleiden, getötet werden und auferstehen.* Innerlich erschüttert und erzürnt sagt sich Petrus, solche Grausamkeit könne nicht im Plane Gottes sein. Mit ihm abseits tretend, bombardiert er Jesus mit Vorwürfen und schließt die gut gemeinte Belehrung mit den Worten: „Das soll Gott verhüten, Herr!", und sich seiner Muskeln bewusst, blickt er Jesus an: „Ich werde dafür sorgen, dass dir niemand ein Leid antut." – Petrus steckt in einer zu menschlichen Selbstsicherheit. Jesus will uns – seine Jüngerinnen und Jünger – lehren wie es funktioniert, sich von sich selber loszusagen und zugleich das menschlich-allzu-menschliche Denken über Gott einzusehen und aufzugeben. Als Sohn zeigt er, wie dies geschieht: „Vater, sieh, ich komme deinen Willen zu erfüllen". Er mahnt vor Illusionen und lebt vor, was Desillusionieren heißt.

Desillusionierend ertönt der Jeremias-Ruf der Enttäuschten durch die Jahrtausende. Es ist ein Ruf all jener, die am liebsten Rückzug „ins Angsthorn" blasen würden. All diese lehrt der Prophet beten: Legt eure Enttäuschung ungeschminkt vor Gottes Gesicht. – *Jeremias Tagebuchnotiz versetzt an einer Stelle in Staunen:* Er kündigt Jahwe dessen prophetischen Auftrag, zieht sich zurück, möchte das Sehnen seiner Seele verkosten und stellt schnell fest: Ich schaffe diesen Rückzug nicht.

Liebe Schwestern und Brüder! Jeremia verrät uns das Geheimnis des Durchhaltens. Er hat nicht aufgegeben, weil Gott ihn nicht aufgegeben hat. Gott konnte nicht von Jeremia lassen, obwohl dieser ihn mit taktlosen Vorwürfen verlassen wollte. – Ungezählt ist die Schar derer, die an sich selbst, an ihrer Erziehung und Berufung zweifeln und ins Misstrauen statt ins Vertrauen auf die Vorsehung Gottes fallen. Ihnen und uns allen, die in der Ahnenreihe des Jeremia und Petrus eingegliedert sind, gelten die Worte nach Psalm 63: „Meine Seele hängt an dir und deine rechte Hand hält mich fest."

23. Sonntag im Jahreskreis (Predigt nach der Lesung)
Lesung: Röm 13,8-10
Evangelium: 18,15-20

Von der Zeitspanne – auf einem Bein stehend

Liebe Christen! Ein römischer Offizier wandte sich an einen jüdischen Gelehrten mit dem Ansinnen, er werde den jüdischen Glauben annehmen, wenn es dem Rabbi gelinge, das Wesentliche seiner Religion in der Zeitspanne zusammenzufassen, in der er auf einem Bein stehen könne. Der Rabbi füllte seine Lunge mit Luft. Ruhig ausatmend überblickte sein inneres Auge den Umfang jüdischen Religionsgutes – all die Glaubensäußerungen aus den Büchern, die Sinaigebote und was an Gesetzen dazukam, die Offenbarungen durch Propheten und Prophetinnen, die vielen Auslegungen und Ergänzungen der Pharisäer und Schriftgelehrten. Nachdem er in sich hinein geseufzt hatte, blickten seine Weisheit verratenden Augen in die des Offiziers: **Nein,** das ist nicht möglich. Zu umfangreich ist jüdischer Glaube. Solch kostbarstes Religionsgut kann unmöglich in dieser Kürze dargelegt werden. Nicht einmal ein Storch kann so lange auf dem gleichen, einen Bein stehen. – *Kurzentschlossen marschierte der Offizier zur Konkurrenz – einem zweiten Schriftkundigen.* Dieser wegen seiner Weisheit bekannte Rabbi vollzog höfliche Referenz vor dem salutierenden Offizier. Auf die Frage nach seinem Begehren trug der Römer das Anliegen vor. Des Rabbis Herz schlug sichtlich höher: Ja, freilich lässt sich in der kurzen Zeitspanne des „Auf-einem-Bein-stehens" zusammenfassen: „Was du nicht willst, das man dir tut, das füg auch keinem andern zu."

Mit ähnlichem Ansinnen, wie der römische Offizier, kam ein Rabbi zu Jesus von Nazaret. Jesu Antwort: Wichtigstes und erstes Gebot ist die Liebe zu Gott aus ganzem Herzen. Doch ebenso wichtig ist ein Zweites: Liebe deinen Nächsten wie dich selbst. An diesen beiden Geboten hängt das Gesetz samt den Propheten (vgl. Mt 27,35-40). – *In der gehörten Lesung hebt Paulus das gleiche Wichtigste hervor.* Er zählt Gebote auf und fasst dann zusammen: Du sollst deinen Nächsten lieben wie dich selbst. Wer den andern liebt, hat das Gesetz erfüllt (vgl. Röm 13,8-10). – *Ca. 400 Jahre später sinnt Augustinus über das Wichtigste im Leben eines göttlich orientierten Menschen nach und formuliert den einprägsamen Satz:* Liebe nur, dann magst du tun, was du willst. – Seine Tiefsicht erfasst Jesu Worte im Kern: Ebenso wichtig, wie die Gottesliebe, ist die Nächstenliebe. – Bis in unsere Zeit bleibt das Wichtigste einleuchtend: Wer liebt, tut dem Nächsten nichts Böses. Also ist Liebe Erfüllung des ganzen Gesetzes und Einladung zu Freiheit: Liebe nur, dann kannst du tun, was du willst.

Der Rabbi, Paulus und Augustinus formulieren das für Jesus einzig Wichtige: Liebe Gott und deinen Nächsten wie dich selbst. Seine Worte sind im Ritus der Taufe verankert. Der Täufling soll Gott und den Nächsten lieben lernen, wie Christus es uns vorgelebt hat. Es ist das Wichtigste an sich, dieses LiebesGebot, das für alle Menschen der Erde gilt. Wir dürfen beifügen: Wer offen ist für den Geist der Liebe, gehört, ob bewusst oder unbewusst, Christus an.

Liebe Schwestern und Brüder! Der Mensch, der sich geliebt weiß, ist fähig zu lieben. Er ist angenommen und bejaht. Als Angenommener und Bejahter kann er den Nächsten annehmen und bejahen. Des Menschen Liebe entströmt aus der Mitte – diese ist **ER** – sie wird durchdrungen von der Liebe Gottes, die Mensch wurde. (Ev.: 18,15-20)

24. Sonntag im Jahreskreis (Predigt nach der Lesung)
Lesung: Röm 14,7-9
Evangelium: Mt 18,21-35

Dein Name verpflichtet!

Liebe Christen! Der Dichter Werner Bergengruen macht ein paar kritische Anmerkungen zu seinem für ihn fragwürdigen Vornamen. Er hatte Mühe sich an diesen zu gewöhnen. Ihn störte, dass der hl. Werner nicht ein berühmter war, sondern ein 14jähriger Märtyrer. Er hätte viel lieber Alexander geheißen wie sein Großvater. – *Mit jedem Namen ist ein vielfältiges Geheimnis verbunden.* Der Name individualisiert uns. Er hebt uns aus einer bloßen Masse von nummerierten Menschen heraus. Wer von uns gerät nicht innerlich in Bewegung, wenn wir bei unserem Namen gerufen werden. Wir können mit ihm zu einer Einheit verwachsen. Denken wir an die Namen bedeutender Menschen, beispielsweise Bruder Klaus, Teresa von Calcutta, Angelo Roncalli oder auch an Werner Bergengrün. Wir können sie uns nicht unter einem andern Namen vorstellen. Aber das gilt auch von den sogenannten Kleinen, deren Namen nicht selten für Bescheidenheit, Zuverlässigkeit und Treue steht, wie z. B. bei unsern Eltern.

Werfen wir einen Blick auf Marias Geburtstags- und Namensfest im Monat September sowie einen in Anlehnung an die Worte der gehörten Lesung: Wir gehören im Leben und Sterben dem Namen Jesus. – *Betrachten wir nun drei besondere Namen.* Der erste Name heißt Jesus. Mit ihm verbindet sich vor allem eine wohltuende Ruhe. Jesus hat die Menschen zu sich eingeladen:

„Kommt alle zu mir mit euren schweren Lasten, ich werde euch Ruhe verschaffen. Nehmt mein Joch auf euch, so werdet ihr Ruhe finden für eure Seele"
(Mt 11,28-30). Die Ruhe Jesu kommt von dem Wunder, dass er durch den Hl.
Geist empfangen wurde. Um das zu verstehen, muss man das Geschehen in der
Welt anschauen. *Alles Neue löst das Alte nur ab.* Dieser ewige Kreislauf
hindert, sich aus sich selbst zu erneuern. Jesus Christus hat diesen Kreislauf
durchbrochen. Er vermochte es, weil er direkt aus Gott geboren ist. Genau dies
wird gesagt mit den Worten „Jesus wurde durch den Hl. Geist empfangen". In
dieser Empfängnis liegt der Grund seiner unbedingten Ruhe. Nicht einmal der
„Sturm auf dem Meer" (Mt 8,23-27) kann sie ihm nehmen. Die Jünger sind
voller Unruhe, aber Jesus schläft. Er zeigt damit seine Ruhe im Gegensatz zur
Aufregung des Meeres und seiner Getreuen. Das Ereignis zeigt auch, dass
Jesus in unbegrenztem Vertrauen auf den Vater lebt. „Kommet alle zu mir!"
Wenn wir dieser herzlichen Einladung Jesu folgen, werden wir die gleiche
Erfahrung wie die Getreuen machen. „Es trat völlige Stille ein."
    Der zweite Name heißt Maria. Die Zeugung eines Kindes durch den Hl.
Geist war damals ebenso unvorstellbar wie heute. So können wir erahnen, in
welcher Situation Maria war. Da sie bereits verlobt war, stand sie als Treulose
da. Ein solcher Treuebruch wurde mit Steinigung bestraft. Wir können die
Angst nachfühlen, die auf Maria lag. *Das Große, das sich mit ihrem Namen
verbindet, heißt: Maria legte alles in Gottes Hand: sich selbst und ihre Ehre.*
Das Vertrauen unserer lieben Frau half ihr ihre Angst zu überwinden. – Werner
Bergengrün beschreibt die Angst so: „Das Vertrauen des Menschen wird
immer von irgendeiner Furcht verdunkelt. Eine Zeit, die keine Angst mehr
kennt, weiß ich mir nicht vorzustellen. Es wäre keine menschliche Zeit mehr.
Denn eine Zeit, die von keiner Angst weiß, kann auch kein Vertrauen kennen.
Die Furcht und ihre Bezwingung gehören zum Menschen als Aufgabe." *Auf
Marias Lebensweg wurde das Vertrauen oft genug von der Angst verdunkelt.*
Am dunkelsten war es für sie wohl unter dem Kreuz ihres Sohnes. Doch stets
kam ihr das unbedingte Vertrauen zu Hilfe.
    Der dritte Name ist Josef. Von ihm wird gesagt, er sei ein „Gerechter"
gewesen. Gerecht ist ein Leben nach dem Willen Gottes. Josef musste annehmen, seine Verlobte sei ihm untreu geworden. Er beschloss, sie heimlich, d. h.
ohne Angabe von Gründen, zu entlassen. Er wollte seine Verlobte schützen und
erwägt bis in den Schlaf hinein. Im Traum spricht ein Engel ihn an: „Josef,
Sohn Davids, fürchte dich nicht, Maria zu dir zu nehmen, denn das Kind, das
sie erwartet, ist vom Hl. Geiste." Josef tut, was ihm gesagt wurde. *So verbindet
sich mit seinem Namen ein unbedingter Glaubensgehorsam:* Er hört das Wort
Gottes und versteht es nicht. Er bricht auf und kennt den Weg nicht. Er tut, was
Gott ihm sagt, ohne die Folgen ermessen zu können. Stefan Andreas schreibt in
einem Roman: „Der hl. Josef ist wirklich ein ausgezeichneter Mensch. Er ist

berühmt geworden und hat doch nie ein Wort gesagt! Es heißt nur immer: Der Engel sagte zu ihm: Tu dies und tu das! Und er tut's. Dabei wurden ihm doch ziemlich starke Sachen zugemutet." Antonius von Padua sagt: „Die Rede hat Leben, wenn die Taten sprechen."
Liebe Schwestern und Brüder! Drei Namen, mit denen sich drei entscheidende Eigenschaften verbinden, sind das. Jesus: Die unbedingte Ruhe, Maria: Das unbedingte Vertrauen, Josef: Der unbedingte Glaubensgehorsam. Uns bleibt die Frage: Was verbindet sich mit unserem Namen? Vielleicht die vezeihende Liebe, von der Jesus jetzt zu uns spricht. (Ev.: Mt 18,21-35)

25. Sonntag im Jahreskreis
Lesung: Jes 55,6-9
Evangelium: Mt 20,1-16a

Das Himmelreich im Pauschalpreis – 1 DENAR

Liebe Christen! Das Gleichnis von den Arbeitern im Weinberg spricht von einem Vorgang, wie er bei den Orientalen immer noch gepflegt wird. Bei Sonnenaufgang sammeln sich Arbeitswillige bei allgemein bekannten Plätzen. Großgrundbesitzer und Wohlhabende, deren Villa eine pflanzliche Jahreszeit-Bekleidung benötigt, halten Ausschau auf den Märkten. Die auf Arbeit Wartenden werden ausgemustert, denn wer möchte schon seinen Auftrag einer Person anvertrauen, die seiner Vorstellung im Voraus nicht entspricht. Übrig bleiben Ältere und nicht voll Arbeitsfähige. In der Regel beträgt der Taglohn von damals 1 Denar; er reichte, um eine sechsköpfige Familie einen Tag lang zu ernähren. – Für gewöhnlich wird der Betrag abends ausbezahlt, wobei orientalisches Feilschen und Markten nicht gegen die Manieren verstößt. – *Ab der Norm ist, dass unser Weinbergbesitzer mehrmals am Tag zum Marktplatz geht, um noch mehr Leute anzuheuern:* Um die dritte, sechste, neunte – ja sogar um die elfte Stunde, um mit ihnen sozusagen den Feierabend einzuleiten. Mit den später Angeworbenen vereinbart der Gutsbesitzer keinen Betrag. Er verspricht: Ich werde euch geben, was recht ist. – *Bei der Lohnauszahlung wird die Situation gespannt.* Jene, die zur elften Stunde, also kurz vor Feierabend begonnen haben, sind zuerst an der Reihe und vorab die der ersten Stunde trauen ihren Augen nicht: Jene erhalten den vollen Taglohn! Hoffnung steigt auf: Was werden wir für unsern Tagesschweiß ausbezahlt erhalten? 12 Denare? – Ihre Hoffnung sinkt immer tiefer – entrüstet, murrend und fluchend nehmen sie den bitter verdienten Denar an sich. Da wendet sich der Gutsbesitzer, der diesen Widerspruch provoziert hat, an einen Arbeiter der ersten Stunde, der besonders finster dreinschaut: Mein Freund, du hast, was wir vereinbart haben, also geschieht dir kein Unrecht. Darf ich mit meinem Geld nicht Gutes tun? Sei doch nicht neidisch!

Als Vergleich eine heutige Begebenheit: Eine Mutter und ein Vater hatten drei Töchter. – Kleopatra war am meisten mit Talenten bedacht. Sie begriff rasch, verstand vorauszusehen und zu planen, wusste zu diskutieren, war den andern mit ihren Ideen zuvor. Die Eltern schickten sie ins Studium. – Ihre zweite Tochter, Mercedes, reagierte langsam, lernte mühsam und war bedächtig. Die Hände bewegten sich findiger als der Geist. Diese Tochter schickten die Eltern in eine Gärtnerei. Eine Lehre würde die Fleißige gewiss mit Erfolg schaffen. – Die dritte Tochter, Nona, war der Eltern Sorgenkind, von Geburt an geistig behindert. Sie hatte auffallend länger benötigt um aufrecht stehen und laufen zu lernen. Bei der Berufswahl kam für Nona nur eine geschützte Werkstätte in Frage. – *Anlässlich eines Spitalaufenthaltes der Mutter zeigte sich: Die drei Töchter teilten der Mutter Arbeit unter sich auf.* Kleopatra übernahm die Tätigkeit der Mutter in Vereinen, verteilte Einladungen, Broschüren und schrieb Protokolle. – Mercedes nahm die Gelegenheit wahr, ihre Gartentalente zu erproben. Aus der Lerngärtnerei brachte sie diverse Samen und Setzlinge und begann zu säen und pflanzen – überwachte das ganze Wachstum. Am Gartenrand lachten viele Blumen in einem schön angelegten Beet. – Nona gestaltete ein wohnliches Zuhause. Sie hatte die Mutter gut beobachtet. Nach deren Art deckte sie den Tisch, servierte, nach den Mahlzeiten wurde die Spülmaschine geordnet gefüllt und schließlich platzierte sie das Geschirr richtig in die Schränke. – Als die Mutter zurückkehrte, ließ der Vater die Drei berichten. Nona lehnte sich an die Mutter und erzählte, wie sie deren Haushalt-Spur fein sorgfältig gefolgt sei. Die Mutter strich über den Kopf des Kindes, während der Vater wertende Worte sprach: Die Hausarbeit sei zwar nichts Besonderes, als Belohnung dürfe sie das Video „Heidi" kaufen. Mercedes, die Gärtnerin, überreichte der Mutter einen Blumenstrauß und der Vater meinte lächelnd: Ich erfülle deinen Herzenswunsch, weil du Nützliches gemacht hast – du darfst zum Fußballclub deiner Freunde. Kleopatra überreichte der Mutter einen Ordner, sogleich begann der Vater mit einer Lobeshymne: Du überragst deine Schwestern – ich spendiere dir einen Rundflug! – *Der Vater erwachte aus der Begeisterung über seine studierte Tochter, als diese sichtlich erregt meinte: Papa, ich verstehe dich nicht.* Wieso sollte mir eine größere Belohnung zuteil werden als meinen Schwestern? Wir sind doch eine Familie. Nona und Mercedes haben mit mir getan, was sie konnten, so haben wir alle drei denselben Lohn verdient. Die Mutter meinte: Wie weise spricht Kleopatra! Du Vater, sprichst wie ein Arbeitgeber – du vergisst, wie die Talente verteilt sind. – Während der Mann nachdenklich zu seiner Frau blickte, umarmte diese die Töchter. Leise der Vater: Ihr seid uns alle drei gleich lieb.

Jesus beweist in seinem Gleichnis, dass der Gutsherr die Arbeitenden so behandelt wie Eltern ihre Kinder. Er beginnt das Gleichnis mit dem entscheidenden Satz: „Mit dem Himmelreich ist es wie mit einem Gutsbesitzer ...“ Damit gibt er die Maße an, die für das Reich Gottes gelten. Nicht die Leistung bestimmt, sondern die väterlich-mütterliche Güte.

Liebe Schwestern und Brüder! Lohn- und Leistungs-Frömmigkeit passen nicht zum Eltern-Kind-Verhältnis – zu einer „Abba"-Beziehung, wie sie Jesus vorlebt. Das Eltern-Kind-Verhältnis ist der Preis zum Eintritt ins Himmelreich. Der Pauschalpreis ist 1 Denar!

26. Sonntag im Jahreskreis

Lesung: Phil 2,1-5
Evangelium: Mt 21,28-32

Zwei Brüder aus ungleichem Holz

Liebe Christen! Ehemals Drogenabhängige legten mit solcher Begeisterung Zeugnis ab für Christus, der sie wunderbar geheilt habe, dass ein Außenstehender meinte: „Schade, dass ich kein Fixer gewesen bin!" – Im „High-Zustand" der Droge meinen diese Menschen: Wir bedürfen keines Gottes, wir erleben „Himmlisches". Nüchtern geworden stellen sie nicht nur fest: Ein Leben, in dem Gott überflüssig scheint, ist schlimmer als der Tod. Die Beziehung zu Christus wird wie ein rettendes Seil. Ohne jede Menschenfurcht verkünden sie: Jesus hat uns von Fesseln befreit. – *Stellen wir einen von der Droge Befreiten einem sog. Braven gegenüber:* Des Braven Begeisterung ist erlahmt, der Glaube kraftlos, der Schwung bleibt stecken im Schlamm der Unbeweglichkeit. Solch ein „Achtbar-Erzogener" ist erkennbar im ersten Sohn des gehörten Evangeliums. Das Ja gleitet gewohnheitsmäßig über seine Lippen, Wünsche des Vaters berühren ihn nur oberflächlich – soll der doch selber im Weinberg schwitzen gehen.

Jesu Gleichnis von den zwei ungleichen Söhnen: Der brave Junge und der Ausgeflippte ist direkt an die Hohen Priester und Ältesten gerichtet. Es sind die religiös und zugleich politisch führenden Köpfe in Jerusalem – rund um die Uhr wachend über religiöse Vorschriften. So boten sie eine Fassade, hinter der allerhand Zwang versteckt war. Die so frei scheinenden Tempelbesucher feierten Gottesdienst als Pflichterfüllung. Im Tempel florierte der Handel, welchen der Nazaräer mit seiner Geisel störte. Das Hohe Priesteramt und die Weisheit Ältester waren in allem kompetent: Kompromisse mit den Römern zum Vorteil für den eigenen Geldsack schienen billig und recht. Zu Gunsten von Ruhe und Ordnung im Land musste Jahwe sich einige Verschiebungen der Sinaigesetze gefallen lassen. Diesem Verschieben widersetzte sich Jesus mit seinem Wort und mit seiner helfenden Hand. Die fein eingespielte und auch gut rentierende Religionspraxis machte eine Wende von scheinbarer Harmonie zur Disharmonie – hier fand Jesus die Sorte des zweiten Sohnes: Neinsager und damit vermeintliche Versager. Bei diesen Außenseitern fand Jesus Ausgeschlossene. Sie trugen Stempel wie „Zöllner", „Sünder", „Dirnen", und es waren Leute aus Orten, von denen nichts Gutes kommen konnte. – Nun brachte Jesus diesen Verneinten die Chance für das Ja im Handeln.

Unbemerkt stecken wir in der Bewegung zwischen traditionellem Glauben und „Neubekehrung" – dem, der im traditionellen Glauben die „Nein-Parole" spielt und dem „Nein-Sager", der sich im Ja bewegt. Auch bei unsern Gemeinden besteht die Gefahr des Klebens an der Tradition; das Ja pendelt über ins Nein für Neuerung und stagniert. So begegnen sich zwei Nein: das negative Nein der Traditionellen und das positive Nein der Neubekehrten. Diese bilden Gruppen in charismatischer Richtung, – zeigen, wie wichtig gelebter Glaube auf dem Terrain des Alltags ist, – erschließen Menschen der Zukunft den Weg nach innen in den Bereich der Mystik. Erneuerung schreitet voran und zeigt ein stilles aber klares Ja. Das Erneuern in Jesus Christus ist ihnen ein und alles. *Neubekehrte bewegen sich durch alle Altersstufen und scheuen wenig all die Schwierigkeiten:* – Gottesdienst und Kirche, Lehramt und praktisches Leben. Sie mausern sich durch und finden zur Mitte des Glaubens – zum Altar der Welt Jesus Christus. Die in Tradition Verkrampften haben teils nur noch ihre eigene Mitte. Beschämt schielen sie zu den Neubekehrten und bewegen sich allmählich zu ihnen hin. Die Menschen der Umkehr haben entdeckt, was die andern – teils ungewollt – zugedeckt hatten. Sie gehen in den Weinberg und entdecken bei der Arbeit, dass Mitmensch auch Mitgehen bedeutet.

Damit ist die Bewegung in Gang. Ob wir uns eher in der Tradition verankert wissen oder Neubekehrte heißen – der Ruf holt uns ein: Kehre um – lass dich durch Gott anblicken und dein Antlitz wird neu. – *Erstmals haben Eltern am Taufbrunnen für uns das Ja gesagt.* So wollte es die Tradition. Später entflammte irgendwo die erste große Liebe – vielleicht eine Art Neubekehrung. Unser Ja kam aus einem flammenden Herzen. Bei dieser Flamme sollten wir einkehren und dort das Ja aus dem Schattendasein heben. Lassen wir das Herz sprechen: Glaube ich Jesus? Er bietet mir seine menschliche Hand. Lasse ich mich in seine Gottheit ziehen und pflege ich eine gottmenschliche Beziehung? Traue ich seiner Verheißung, auch wenn seine Aussendung in den Weinberg innerhalb vier Wänden ist?

Liebe Schwestern und Brüder! Mit welch genialem Geschick stellt Jesus die zwei ungleichen Söhne an den Scheideweg. Der eine sagt Ja und merkt gar nicht, wie er – in einseitige Tradition verstrickt – unfähig ist umzukehren und weiterzugehen. – Der andere sagt zu vielem Nein und meint Ja zur Umkehr als Neubekehrter. Der Vorwurf Jesu an die Hohen Priester und Ältesten droht auch heute: Ihr habt nicht geglaubt, sondern das Ja euch selber zugesprochen. – *Ein jüdischer Rabbi meint:* „Die große Schuld des Menschen sind nicht die Sünden, die er begeht – die große Schuld des Menschen ist, dass er in jedem Augenblick die Umkehr tun kann und nicht tut."

27. Sonntag im Jahreskreis (Predigt nach der Lesung)
Lesung: Phil 4,6-9
Evangelium: Mt 21,33-44

Lasst uns zur Freundlichkeit gehen

Liebe Christen! Ein „Stichwort", das in die Augen sticht, heißt „Freundlichkeit". Stellen wir uns einen Freundeskreis vor, in dem Leute einander einen Ball zuspielen: Freundliche Blicke treffen sich; eines der Gesichter blickt uns entspannt an – verbindet mit einem Zeichen menschliche Nähe. – Freundlichkeit begegnet uns auch auf den Straßen im Auto: Vor uns taucht am Straßenrand eine Tafel auf mit „Willkommen auf dem Brünig" oder im „Berner Oberland". Das Werben um unsere Aufmerksamkeit ist gelungen. *Menschliche Freundlichkeit hat als Maßstab den Blick oder das Wort.* Blick und Wort prägen den Gesichtsausdruck. Freundlichkeit ist demnach an den Gesichtern abzulesen. Wir tun gut daran, das „Spuren" des Menschen im Gesichtsausdruck zu entdecken.

Verweilen wir zunächst bei unserm Antlitz. Es ist bei jedem Menschen einmalig: Die Gesichtszüge und Falten, der Blick, Form und Stellung von Ohren, Mund und Nase. Freundlichkeit ist uns ins Gesicht geschrieben und ist in ihrer Vielfalt ablesbar – genauso die Unfreundlichkeit: „Wenn Blicke töten könnten"! Ein anziehendes Antlitz hat nur der freundliche Mensch. Unser Gesicht ist für den Mitmenschen bestimmt, denn dieser kann uns direkt ins Gesicht sehen. Wir können uns nur durch den Spiegel in die Augen sehen. Daraus ergibt sich ein „Mehr als": Freundlichkeit ist mehr als gebotene Taktik und Höflichkeit. Sie strahlt aus der Tiefe und durchtränkt das Menschsein eines Menschen – Mensch als Geheimnis der Person mit den Augen als Spiegel der Seele. – *Die Bibel ist mit Bildworten freundlich aufwartend:* Das „leuchtende Angesicht" – „Sein Antlitz leuchtete wie die Sonne" – d. h. sein Inneres ist Licht. Seine Innerlichkeit ist eingetaucht ins Licht der Gotteserfahrung, der Mystik. Der freundliche Mensch will, dass das Licht in ihm für andere leuchte. – Kennst du nicht Augenblicke, in denen der Funke der Freundlichkeit von Antlitz zu Antlitz überspringt?

Freundlichkeit wird unterschiedlich erfahren und beurteilt. Der eine Mensch ist von der Freundlichkeit des andern fraglos überzeugt, der andere misstraut ihr. Es gibt solche, die Freundlichkeit als Charakterstärke beurteilen,

andere verurteilen und verdammen sie als Schwäche. In der Tat hat Freundlichkeit verschiedene Gesichter. Darum mahnt schon Jesus Sirach in seiner
Weisheitslehre, 6. Kap., Vers 6: „Sei zu allen freundlich, aber zum Ratgeber
nimm unter Tausenden nur einen Menschen." – *Unser Inneres reagiert fein-*
fühlend auf gespielte Freundlichkeit und mahnt zur Vorsicht, denn es gibt die
bestellte Freundlichkeit: Das eigentliche Gesicht ist alles andere als ein
freundliches. Was durchschimmert, ist nur auf Bestellung erhältlich, präsentiert sich da, wo sich eine Rendite anbietet. Berechnende und berechnete
Freundlichkeit begegnen uns beim Eintreten in manch kleinem Laden oder
großem Warenhaus. Freundlichkeit wird zum Warenangebot. Wo dies zu sehr
auffällt, wird sie zum Ladengäumer.

Auf der Suche nach der allumfassenden Freundlichkeit treffen wir den
menschenfreundlichen Gott. Er stellt sich vor im Antlitz Jesus, fragt: Wo finde
ich wahre Freundlichkeit? Es gab immer schon Menschen, die sich von ihm
finden ließen. Ihnen prägt er die Gesichtszüge seiner Menschenfreundlichkeit
so ein, dass ihr Antlitz von Masken entlarvt wird. Da sind christlich gesinnte
Menschen vor Christus am Beginn der Menschheit, die um Freundlichkeit
beten. Ein Psalmenbeter – es könnte David oder Ruth sein – betet als von
Sehnsucht geprägtes Gesicht der Israeliten. „Mein Herz denkt an dein Wort:
Suchet mein Angesicht . . . Dein Angesicht, Herr, will ich suchen. Verbirg nicht
dein Angesicht vor mir" (vgl. Ps 27,8f). Das sehnsüchtige Verlangen wurde
erstmals in Betlehem gestillt. Was damals geschah, verrät ein Weihnachtstext.
In Jesus ist „die Güte und Menschenfreundlichkeit Gottes, unseres Retters
erschienen" (vgl. Tit 3,4).

Liebe Schwestern und Brüder! Die gehörte Lesung weist hin zu Paulus, der
sich „letzter Apostel" nennt. Das Antlitz Jesu blendete ihn so sehr, dass er
blind wurde. Wieder sehend geworden, war sein Antlitz neu. Er hatte sich ganz
der Freundlichkeit Gottes zugewandt. Diese Freundlichkeit gibt er weiter in
Worten wie: Sorgt euch um nichts, denn der menschenfreundliche Gott kann es
sich leisten, eure Sorgen zu besorgen. Wenn ihr fleht, bittet und dankt, wendet
Gottes Antlitz sich zu euch. Dann appelliert Paulus ans Antlitz der Seele: Dort
wird der Friede Gottes wohnen. Paulus zählt die Tugenden wahrhaft Freundli-
cher auf. Es sind Edle, Gerechte, Lautere, Liebenswerte. Dann verspricht er
jenen, die feine Züge des Antlizes Jesu an sich tragen, das freundliche Antlitz
Gottes wohne mit seinem Frieden in ihnen. – Wir hören, wie ein Antlitz sich
entstellen ließ, damit in Verzweiflung verzehrte Gesichter vom Strahl der
Hoffnung verklärt werden. (Ev.: Mt 21,33-44)

28. Sonntag im Jahreskreis (Predigt nach der Lesung)

Lesung: Phil 4,12-14.19-20
Evangelium: Mt 22,1-10

... aber er hatte kein Hemd

Liebe Christen! „Es war einmal ...", so fangen manche Geschichten an. Die heutige beginnt: Es war einmal ein König, der an einer heimtückischen Krankheit litt. Alle erdenklich klügste Betreuung war umsonst. Sein Leibarzt raffte seine Kenntnisse zusammen, suchte Hilfe bei Kollegen und Kolleginnen und stand schlussendlich ratlos da. Schließlich studierte er seinen Königspatienten vom Herzen her und sagte: „Majestät, ich weiß ein Mittel zu eurer Genesung. Sucht in eurem Reich einen Menschen, der glücklich ist, tragt dessen Hemd einen Tag und eine Nacht und ihr seid wieder ganz gesund: *Sofort wurde ein Suchtrupp ausgesandt und der König ließ sein Anliegen bis in die entlegensten Teile seines Reiches ausposaunen.* Nach langer, langer Zeit waren die letzten des ausgesandten Schwarms zurückgekehrt. Auch sie traten ohne das heilende Hemd in den Königshof. Der König sah sich die Untertanen an, setzte sich auf seinen Thron und sagte in merklich ungehaltenem Ton: „Habt ihr wirklich keinen zufriedenen Menschen in meinem schönen und gewaltig großen Reich auftreiben können?" Während sich die Blicke der Vielen senkten, rief die Zuletztzurückgekehrte begeistert: „Herr Monarch, wir haben einen zufriedenen Menschen in eurem Reich gefunden – den einzigen!"

Sich seines gekrönten Standes bewusst, rief der König begeistert: „Ich weiß, dass es in meinem Reich zufriedene Untertanen gibt! Bringt mir sein Hemd, dass ich es trage und geheilt werde!" Zögernd kam die Antwort der Botin: „Majestät, dieser zufriedene Mensch hat und vermag kein Hemd!" – Von ähnlich selbstloser Zufriedenheit spricht Paulus in den gehörten Worten an die Philipper. Diese Gemeinde hatte er bei seiner zweiten Missionsreise um das Jahr 50 gegründet. Es war die erste christliche Gemeinde auf europäischem Boden. Sein Brief erreichte die Philipper ums Jahr 55. Paulus hatte ihn im Gefängnis von Ephesus geschrieben. Vermutlich war er von seinen Gegnern auch „ent-hemdet" worden. Der römische Kaiser und die jüdischen Machthaber bescherten ihm eine Zufriedenheit ohne Hemd!

Gewöhnt an Entbehrung, kann Paulus schreiben: „Ich habe gelernt, mich in jeder Lage zurechtzufinden." – Welch abgebrühter, empfindungsloser Kerl scheint dieser Paulus geworden zu sein! Wo ist ein Organismus, der auf Hunger und Sattsein nicht reagiert! – *Wer aber Paulus näher studiert, entdeckt eine Tiefe, der nichts egal ist, einen feinempfindenden Teilender jeder Mühe.* Paulus hat den besten König gehört: „Ich bin Jesus, den du verfolgst". Der als

Verfolger umherreitende Saulus fiel auf die Erde des Friedens und seine Augen sahen wieder als Paulus. Der ihm begegnende Jesus von Nazaret schenkte das heilende Hemd als Pilgerkleid. Von da an kennt Paulus nur noch Jesu „Wertsystem", die von oben kommende Kraft und Weisheit: Einen weisen Verstand und das Herz voller Zufriedenheit zum Lieben und Leiden im Dienst an der Sache Jesu. Von Jesus erhält Paulus ein königliches Signet aus der griechischen Philosophie: „autarkes", „sich selbst genügend" oder auch „zufrieden-sein".

Paulus hat in Christus erfahren, dass innere Zufriedenheit der schönste Ort ist. Er, der in die griechische Philosophie eingestiegen war, hatte echtes Zufrieden-sein: Abschalten des Stromes von Wollen und Wünschen kennen gelernt. Statt dem griechischen Ziel „Verweigern und Abschwören" zu frönen, verweigert sich Paulus allem, was den Treue-Schwur auf Jesus im Wege stand. Um den königlichen Christus drehten sich all seine Wünsche; sein Wollen galt der Botschaft bis an die Grenzen der Erde. Für Paulus ist Zufriedenheit nicht menschliches Werk – keine Verweigerung, die unnötig Kraft verbraucht. Er erwog, dass „Autarkie", „sich selbst genügen" oder Zufriedenheit nichts zu tun hat mit eitler Selbstgefälligkeit und Unabhängigkeit. Er teilt Zufriedenheit aus mit einem herzlichen „Vergelt's Gott" für jetzt und später.

Liebe Schwestern und Brüder! Jesus zeigt, wo die Quelle der Zufriedenheit zu finden ist: „Suchet zuerst das Reich Gottes, und alles andere wird euch hinzugegeben werden" (Mt 6,33). Aus dieser Quelle leben Paulus und wir. – Der Künstler von Zufriedenheit ist Christus; wer mit ihm in Beziehung ist, trägt das heilende Hemd des Friedensreiches. (Ev.: Mt 22,1-10)

29. Sonntag im Jahreskreis – Sonntag der Weltmission
Lesung: 1 Thess 1,1-5b
Evangelium: Mt 22,15-21

Wer sich einsetzt, setzt sich aus

Liebe Christen! Der Mensch versteht Fallen zu stellen: Für die Maus mit Käse oder Speck; für die Raubtiere mit Kettenfallen. Mäuse geraten in Panik, Tiger springen verwundet so weit die Kette der Falle reicht. – Noch perfider sind unsichtbare Fallen, welche Menschen einander stellen. *Die Pharisäer stellten Jesus solch eine Falle.* Wenn wir den Text nicht sorgfältig studieren, tappen wir selber in eine Falle – die der Pharisäer mit den kaiserlichen Steuern! Mit kniffligem Fragen hoffen sie beweisen zu können, dass der Nazaräer hinterhältig sei: Ist Jesus *gegen* die Steuer an den Kaiser, bedeutet dies Aufruf zum Widerstand gegen die Römer. Die Schuld würde lauten „Volksaufhetzung gegen die Staatsgewalt". Ist er *für* das Zahlen der Steuer, stellt er sich auf die

Seite des römischen Imperiums und wäre somit beim jüdischen Volk in Miss-kredit. – *Die Pharisäerfalle schnappt nicht zu.* Jesus antwortet einleuchtend: „Gebt dem Kaiser, was dem Kaiser gehört". Was er hinzufügt ist gewichtiger: „Gebt Gott, was Gott gehört"! Diese Worte können eine Falle werden, wenn wir meinen, Politik und Religion dürfen nicht vermischt werden. Die Falle klappt zu und wir sitzen drin bei der Annahme, zwischen Kaiser und Gott bestehe klare Trennung. Jesus will den Pharisäern und auch unserer Zeit ganz anderes sagen.

Er unterscheidet nicht zwischen Welt des Kaisers auf der einen Seite und einer Welt auf der andern Seite. Welt und Religion verkündet er als ein Ganzes, das Gott gehört. Es gibt nichts, was außerhalb dem Odem Gottes existieren kann. Welt und Universum sind sein Lenkrad; der Mensch darf an diesem Lenken beteiligt sein. Unser Platz ist da, wo Jesus gesessen hat – unser Denken und Handeln orientiert sich beim Nazaräer.

Von Jesu Platz aus ist es möglich, am Sonntag der Weltmission einen Blick nach Paraguay zu werfen. Christinnen und Christen geht es auch dort um das eine Notwendige: Beziehung zu Gott, in der sich „ihre Not wendet". Die Beziehung der Menschen untereinander beruht auf einem besonderen Hinter-grund: Paraguay hatte bis vor einigen Jahren Militärdiktatur. Diese stand so sehr in der Sonne, dass das Land immer noch Mühe hat, die hinterbliebenen langen Schatten zu beseitigen. Diese heißen: Korruption, Arbeitslosigkeit, Bildungsnot und Kinderarbeit. Auf Christus blickend, von seinem Licht er-leuchtet, finden die Paraguays den Weg in die noch schwach markierte De-mokratie. Sie haben den Mut sich da einzumischen, wo der gewöhnliche Bürger, die Bürgerin scheinbar nichts zu mischen haben.

Solch ein sich Einmischender ist Carlos Bareiro. Er ist Mitglied einer Initiative, die sich für das Recht der Bürgerinnen und Bürger einsetzt. Der Kampf gilt vorab der Korruption, einem weit verbreiteten Grundübel, welches ein Land von innen aushöhlt. Die Waffen, welche er für diesen Kampf einsetzt, sind vielfältig: Bildung für die einfachen Leute und Aufklären in der Öffent-lichkeit, kleine Schritte nach vorn in die Freiheit und den Frieden, welche Christus hinterlassen hat. Es ereignet sich ein zu bestaunendes „Seht, wie sie einander ähneln". – *Carlos handelt mit dem Blick auf die Evangelien.* Er sagt sich: Jesus war stets mitten unter den Menschen, war die Mitte für Arme und Ausgeschlossene. Bevor Carlos sich einmischt, fragt er, wie und wo Jesus sich einmischte. Die Antwort geben verschiedene: Solche, die Gratisbrot von ihm erhielten, um den Hunger zu stillen; physisch und psychisch Kranke, die heilende Hilfe erfuhren. – Tote, wie der Sohn der Witwe (Lk 7,11-14), das Mädchen des Synagogenvorstehers (Lk 8,49-56) und seinen Freund Lazarus rief er ins Leben zurück (Joh 11,1-44). Diese Art „Einmischen" ist Jesus vorbehalten. Doch Carlos findet Jesus auch bei ganz gewöhnlichen Hand- und

Herzreichungen: Wie er mit Weinenden mitfühlt, verstohlen Versteckte sorg-fältig aufdeckt, wie er für mundtot Gemachte redet, sich neben Müde und Erschöpfte setzt und mit ihnen weitergeht. Hier mischt sich Carlos ein und meint: Weil Jesus dies tat, mische ich mich ein, denn Gott ist in mir.

Liebe Schwestern und Brüder! Wenn wir uns wie Jesus einmischen, ist Gott mit uns. Jesu Einmischen ist Rezept für Carlos in Paraguay und für uns besonders zum Sonntag der Weltmission. *Die Anweisung fürs „Einmischen"* *ist bereits über 2000 Jahre erprobt und heißt Evangelium Jesu Christi.* Christus verlangt, dass der einzelne Mensch zuerst sich liebt und sich nicht durch Heißmacher verheizen lässt. Wer auf der Suche nach Gott in sich ist, wird auch den nächsten besuchen.

30. Sonntag im Jahreskreis (Predigt nach der Lesung)
Lesung: 1 Thess 1,5c-10
Evangelium: Mt 22,34-40

Paulus und Lukas auf hoher See ins Ungewisse

Liebe Christen! Nach Apg 16,9-15 bewegte Paulus die Seinen schon früh in Richtung Mazedonien bis hin zu den Thessalonichern. Danach drängte ihn die nächtliche Vision: Der vor ihm Stehende sagt: „Komm herüber von Troas und hilf uns Mazedonien." Als die Morgenröte erwachte, machte sich im Osten die Sonne auf den Weg, und der Bäcker öffnete beim ersten Krähen der Hähne den Backofen. Er nahm das duftende Brot und brachte es in Form von Gipfeli ins Kaffeestübli. Während des Frühstücks begann überall der Morgen: In Troas und Philippe – von Jerusalem bis Rom. – *Dem ist auch heute so: Aufstehen,* *essen, arbeiten, ausruhen – sich sorgen und amüsieren –* irgendwann durch die Dunkelheit ins Bett schlüpfen. Bei genauerem Hinsehen erkennen wir aber, dass jeder Tagesablauf einmalig ist. Er will die Weichen auf Gott hin stellen.

Damals drang das Licht des neuen Tages schwach durch die Risse der Herberge. Paulus wusste zuerst gar nicht, wo er war. Während sein lautes Gähnen durchs Strohlager drang, räusperte sich Lukas in der Ecke. „Wo bin ich?", fragte er. – *Ein Hahn kräht.* – Am westlichen Rand der kleinasiatischen Küste in Troas ist Paulus beim Öffnen des Fensterladens. Er lehnt sich an die Wand und lässt die nächtlichen Traumbilder an sich vorbeiziehen: Dieser Ausländer, griechisch in der Ausdrucksweise und Kleidung – das muss ein Mazedonier gewesen sein. Seltsam, dieser Notruf „komm mit und hilf uns". Im Traum konnte ich nicht einfach absagen. Lukas bereitet das Frühstück: Datteln, Feigen und Fladen, dazu der Tee, dessen Duft Paulus an den Tisch lockt. „Seltsam, dieser Traum", sagt er vor sich hin. Damit haben die beiden Freunde ein reges Tischgespräch. – *„Wie gehts weiter",* frägt Lukas. Paulus kramt in der Reisetasche und bringt ein Pergament hervor. Er fährt mit dem Finger über die selbstgebastelte Landkarte: Die Weiterreise führt nach Norden, dann entlang der Küste des Schwarzen Meeres. Wie bis jetzt, wollen sie auf den Marktplätzen und Straßen Zellen gründen für Christen-Gemeinden.

Beim Tischabräumen sagt Lukas beiläufig: „Am kürzesten wäre die Reise mit dem Schiff: von Troas über Samothrake und Neapolis nach Mazedonien." Paulus gibt zu bedenken: „Steckt hinter meinem Traum vom Mazedonier wirklich Gottes Wille? Dürfen wir die Reiseroute so leicht wechseln?" Beide sind überzeugt: „Ohne Gottes Beistand und Segen ist unsere Reise keine Mission."

Da standen sie, Paulus und Lukas, ums Jahr 49, vor einer Weggabel. Die so sicher klingenden Worte in der Apostelgeschichte „Wir suchten sogleich nach Mazedonien zu reisen, Gottes Ruf folgend", verstecken ein Ringen und Beten. – *Beim Tischgebet nach dem Frühstück war der Entscheid gefallen:* Wir ändern die Reiseroute. Während die Sonne sich auf dem Meer spiegelt, gehen die beiden mit ihren Habseligkeiten hinunter zum Hafen. Welcher Mut, ins Ungewisse zu horchen! – Paulus und Lukas schwimmen auf dem Schiff ihrer neuen Aufgabe zu. Das Schiff ankerte schließlich in einem Hafen Griechenlands. – Heute sagen wir: Die beiden betraten europäischen Boden, und damit begann die Geschichte des christlichen Abendlandes. Wenn Paulus und Lukas damals in Richtung Osten marschiert wären, hätte die Kultur- und Weltgeschichte einen andern Gang genommen. Die beiden Wanderprediger konnten nicht ahnen, dass ihr Weg durch die Jahrhunderte führte. – *Von ihnen können wir lernen: Gott beruft auch zum Ungewissen, Unauffälligen, Kleinen, Alltäglichen.* Paulus und Lukas haben für das christliche Abendland nur einen Anfang gelegt. In Neapolis rief kein Mazedonier um Hilfe; in Städten wie Philippi, lief alles anders, als geplant. – An einem Sabbat kamen die beiden ins Gespräch. Als erste ließ sich die reiche Purpurhändlerin Lydia ansprechen: Der erste europäische Christ ist eine Frau! Im Haus der Lydia entstand eine Gemeinde.

Liebe Schwestern und Brüder! Nach Wochen zogen Paulus und Lukas weiter mit den Abschiedsworten: Wir reisen in der Gewissheit, dass Gott uns berufen hat. – *Später sehen wir Paulus wieder auf einem Schiff: als Gefangener nach Rom.* Er mag sich auf stürmischer See gefragt haben: Bin ich den falschen Weg gegangen? Wenn der Sturm sich legte, schrieb er mit Vorliebe Briefe: Ich bin nicht nur bei gutem Wetter überzeugt, dass Gott mein Leben führt.

Das Gespräch beim Frühstück in Troas zwischen Paulus und Lukas fand bei Lydia in Philippe ein wunderbares Echo. Es klingt in unsern Ohren in den Worten: „Gott ist bei uns am Abend und am Morgen und ganz gewiss an jedem neuen Tag." – *Bei irgendeinem Sonnenuntergang trennten sich die zwei Freunde ums Jahr 62 in Rom.* Paulus wurde vermutlich 67 hingerichtet, weil er die beiden Hauptgebote Jesu verteidigte. (Ev.: Mt 22,34-40)

31. Sonntag im Jahreskreis
Lesung: 1 Thess 2,7b-9.13
Evangelium: Mt 23,1-12

Wenn sich Worte und Taten den Platz streitig machen

Liebe Christen! Ein weises, hörendes Herz spürt die Anwesenheit Gottes! – Pharisäer und Schriftgelehrte waren fromm, gewissenhaft und gesetzestreu. Doch ihre Selbstgerechtigkeit verschloss die Ohren; das Herz wurde hart und lieblos – ihr Mund sprach Worte der Heuchelei. Die Vorwürfe Jesu gelten bis heute für Menschen, die Richtiges über Gottes Gesetze sagen, aber in einem Ton erhabener Selbstgerechtigkeit. Sie mögen noch so ausgeklügelte Wort-Kunst erfinden, um Gottes Botschaft einzukleiden – kein Herz wird berührt. Jünger und Jüngerinnen Jesu sollten sich auch heute von diesem Spiegel einer falschen Frömmigkeit nicht blenden lassen.

Paulus nimmt diese Blende weg mit den Worten: „Wir wollen euch nicht nur am Evangelium Jesu teilhaben lassen, sondern auch an unserm täglichen Leben." – *Seine Worte und Taten stimmten überein.* Er und die Mitarbeitenden kannten sich in Handwerk und Heimarbeit aus. Sie verdienten sich ihren Lebensunterhalt vom eigenen Garten und vom Werk der Hände. Paulus war Zeltmacher – mit eigener Hand deckten sie den Tisch und verdienten, was drauf kam. So waren ihre Freizeit und – wie Paulus verrät auch die Nachtstunden – mit Broterwerb ausgefüllt. Von Jugend an war ihnen der mit eigenen Händen erarbeitete Broterwerb mitgegeben. Nach jüdischer Sitte hatte Paulus das Handwerk „Zeltmacher" (Apg 18,3) gelernt. So teilten er und die Mitarbeitenden das Leben mit „normal Sterblichen". Als solche wirkten sie glaubwürdig beim Verkünden der Worte und Taten Jesu: Reden und Tun stimmten überein.

Eine Sozialpädagogin erläutert Gesagtes mit einer Geschichte: Dreizehnjährige Mädchen und Buben machten einen Kletterkurs. Jede und jeder kletterte allein, angeseilt eine 15-Meter-Wand hoch. Dem Bergführer war die Kletterwand restlos vertraut. Unten, am Start stehend, erklärte er den an der Wand kletternden Jugendlichen Tritte und Griffe. Mit Mühe aber erfolgsbegeistert kamen alle oben an und blickten im Gefühl des Sieges hinunter. Nur einer blieb wie angeklebt mitten in der steilen Felswand stecken. Ausgerechnet dieser hatte bei der Hinfahrt im Bus wie ein Instruktor gewirkt: Lautstark bluffte er über seine Kletterkünste und nun krallte er sich kleinlaut an den Felsen. Verängstigt nach unten blickend rührte er sich nicht vom Fleck. Die Ratschläge und Beschwörungen des Bergführens von unten wirkten auf den Jungen „pharisäisch" – nämlich wie die von Jesus geschilderten Schriftgelehrten und Pharisäer: „Sie reden nur, tun selber aber nicht, was sie sagen".

Wie gelähmt blieb der Bub an die Felswand gedrückt und übersah in seiner Verzweiflung das rettende Seil, dem er sich hätte anvertrauen können. Er begann zu zittern und schluchzen. – *Jetzt setzte der Bergführer die „pharisäisch" wirkende Belehrung um in die hilfreich rettende Tat.* Er kletterte hinauf zum Verzweifelten, befreite ihn mit sanfter Gewalt aus der Panikstimmung, zerrte ihn ins Seil und mit einigen Zügen war er mit dem Jungen über der Felswand.

Noch benommen vom Schock und beschämt ob der Niederlage begab sich der Befreite zur Gruppe. Da traute er seinen Augen nicht, denn die Schar kam freundschaftlich auf ihn zu. Erleichtertes Aufatmen war förmlich spürbar. Statt verletzende Bemerkungen, durfte er Umarmung und Händedruck entgegennehmen. Statt mitleidigem Lächeln sah er, wie sich einige verstohlen über ihre feuchten Augen strichen. In stiller Dankbarkeit über die gewonnene Vollzähligkeit setzten sich Mädchen und Jungen an den Tisch wobei der beim Klettern Gescheiterte sich plötzlich am Ehrenplatz sah. – *Als die Gruppe aufbrechen wollte, fragte er ohne Zögern: Darf ich die Kletterpartie nochmals versuchen?* Als hätten die Kolleginnen und Kollegen auf diesen Wunsch gewartet, erklang es wie aus einem Mund: Ja, natürlich! Mit frischem Mut begab sich der Bub ran an die Felswand. Unter ermutigenden Zurufen kletterte er aufwärts. Oben angekommen, wurde er mit Beifall umjubelt – er, der Erniedrigung verspürt hatte, wurde von den Seinen erhöht.

Der Junge hätte die Kletterwand sicher kein zweites Mal in Angriff genommen und sie bis oben geschafft, wenn pharisäische Menschen sich vor ihm „auf den Stuhl des Moses" postiert und Schriftgelehrte – ihn mit weisen Ratschlägen bombardierend – entmutigt hätten. – *Mit schweren Lasten auf die Schultern der ohnehin schon Beladenen, drücken sie diese nieder, statt zum Aufstieg zu motivieren.* Solch eine zusammenschnürende, erdrückende Last kann auch Religion werden, wenn sie nur mit Gesetzen und Forderungen aufwartet. Statt Mühselige und Beladene durch handgreifliches Beistehen zu erquicken, zeigen sie mit dem Drohfinger auf die Geschundenen.

Liebe Schwestern und Brüder! Wer an der Hand Jesu emporzuklettern versucht, verliert die Angst, hievt sich nach oben und kann auch andern helfen, steilste Felswände zu bezwingen.

32. Sonntag im Jahreskreis – Ausländersonntag – Tag der Völker

Lesung: Weish 6,12-16 (vom Tag)
Evangelium: Mk 3,1-6 (geändert)

Der Mensch ist die Wahlheimat Gottes

Liebe Christen! Irgendwo in Paris hängt bei einem Wirtshaus das Schild „Kneipe für Zaungäste". Eingeladen fühlen sich Clochards, dunkle Gestalten, Einsame und Ausländer. Kneipenchef ist ein Priester. Eine Stammkundin erzählt: Ich erlebe in und um mich eine Art Wahlheimat. Wer kommt und geht, weiß: Ich habe einen bestimmten Ort, wo ich willkommen bin, bestimmte Menschen treffe, mit ihnen am Stammtisch sitze. *Das ist ein Ort, wo die Angst schwindet, Tränen rollen dürfen und dann getrocknet werden.* – Dieser Ort hat verschiedene Namen: „Ich bin für dich immer da", „Zuhause für Ausländer", „Tabernakel von Menschen für Menschen".

Blicken wir zunächst in die Kneipe jenes Priesters, genannt „Tabernakel von Menschen für Menschen". Ist es nicht Blasphemie, Tabernakel mit Kneipe zu vergleichen? Die Antwort gibt uns Jesus gemäß gehörtem Evangelium (Mk 3,1-6). – Da sitzt irgendein Mann in der Synagoge, seine Hand ist verdorrt. Jesus sagt zu ihm: „Steh auf und stell dich in die Mitte!" „Mitte" ist unscheinbare Ortsangabe – dahinter aber ungeheure Provokation, denn „Mitte" der Synagoge symbolisiert die Gegenwart Gottes– für uns der Tabernakel. Jesus zeigt damit: *Für mich tritt der, welcher sich nach Heilung sehnt, an die Stelle Gottes.* Nach Matthäus 25,31-46: „Am Weltgericht werden Arme und Außenseiter Richter, ja Geschworene." Jesu Verhalten zeigt, dass Gott ein Liebhaber des Lebens ist – buchstäblich ins Leben des Menschen verliebt. Gottes Urabsicht heißt Leben.

Retten, heilen will er nicht erst im Jenseits. Hier und jetzt engagiert sich Gott, kämpft für Leben und Würde des Menschen. Nach Genesis 9,6 ist der Mensch sein Abbild. Ein Mensch, der das Leben eines andern antastet, vergeht sich an Gott selber. Wer die Würde des andern und die eigene achtet, zeigt Ehrfurcht vor dem wandernden Tabernakel Gottes. *Wie beim Menschen, ist wohl auch für Gott die Wahlheimat wichtiger als die angestammte Heimat.* Darum polt Jesus Christus die Lebensgeschichte des Menschen um: Der Tod wird eingedämmt und schlussendlich vernichtet. Durch Jesu Auferweckung tritt bleibendes Leben an die Stelle unseres Todes. Der Auferweckte ist der Protagonist einer neuen Menschheit.

Darum gilt unser zweiter Blick seiner Kirche als Ort neuen Lebens. Die Ortlosigkeit des Lebens Gottes fasst in der christlichen Gemeinde Fuß. In ihr vollzieht sich Gottes Grundbewegung vom Tod zum Leben. Die Glieder der

Kirche sind berufen, Gottes Heilssakrament zu sein, das angebotene Heil anschaulich zu machen und voranzutreiben. Eine Kirche, die aus Heilskonsumenten oder Heilskapitalisten bestehen würde, wäre pervertiert; sie ist keine Heilversorgungsanstalt. Nach 1 Timotheus 2,4 hat sie die Aufgabe, die Menschen zur Erkenntnis der Wahrheit zu führen, das ihr geschenkte Heil überall – auch außerhalb – zu verteilen.

Das zu verteilende Heil ist ein österliches Geschenk, welches dem an Zeit und Ort gebundenen Leben Sinn und Halt gibt. So wird das jetzige Leben relativiert und erhält zugleich höchste Bedeutung.

Liebe Schwestern und Brüder! Hier erhebt sich ein dritter Blick zum Kreuz empor. Dieser Blick begegnet uns in Menschen wie Maximilian Kolbe. Durch sein Verhalten hat er die totale Brutalität der Nazi einer ebenso totalen Lächerlichkeit ausgesetzt: Er ließ die andern an seiner eigenen Ohnmacht abprallen. Ohnmacht zeigt, dass überall, wo der Todesgeruch in der Welt verbreitet ist, der Vorgeschmack des Lebens Gottes erfahrbar wird. – Spuren gelungenen Lebens vor dem Tod weisen hin auf das noch ausstehende ewige Leben. – *Leben vor dem Tod sucht einen Ort in der Gesellschaft.* Heute heißt der Ort „Kirche für Inländer und Ausländer". Spuren lesen und Spuren setzen ist unsere Sendung im politischen und religiösen Bereich. Anwältinnen und Anwälte der Menschen und des Lebens stehen vor der Aufgabe, das Leitwort zu analysieren „In der Kirche gibt es keine Ausländer".

33. Sonntag im Jahreskreis – Bibelsonntag
Lesung: Gen 1,11-13
Lesung: Mt 13,24-30

Zwei säen und einer erntet

Liebe Christen! Wer vom Reich Gottes träumt, blickt beim Erwachen zu grauen, trüben Wolken und brummt vor sich hin: Vielleicht bietet sich weit über ihnen das Reich der Gerechtigkeit und des Friedens an. Hier unten flicken wir am Reich der Zerbrechlichkeit – sind unfähig zu wahrem Frieden. Wer meint, der Friede sei nahe, erfährt das Unrecht als Realität um die nächste Ecke. – *Jesus hatte Zuhörende um sich, die mit dem Unkrautproblem rangen –* kaum war ein Acker sorgfältig bestellt. Die Weizenkörner fühlen sich heimisch im dunklen Erdreich und schon werden sie gestört: Ein Feind steckt Unkraut, Taumellolch, neben die Körner. Also ist Zwietracht im Keimen vorgegeben. Der einzige Grund für die Bosheit des Widersachers wird beim Namen genannt: Feindschaft. – Die Bauernfamilie zur Zeit Jesu weiß Bescheid. Es wäre sinnlos sein Recht zu verteidigen, weil der Rivale auf seinem Recht besteht. Er ist ein feindlich Gesinnter, kann und will nur eines: Unfriede und Ungerechtigkeit säen und ernten. Feinde und Freunde sind in den Alltag hineingesät. Obwohl feindschaftlich Gesätes illegal und ungeheuerlich ist, gedeiht es der Ernte entgegen. Der Feind negiert harmonisches Wachsen des Lebens. Er weiß oft selber nicht, warum er Gutes ablehnt und zerstört. Heimtückische Dunkelheit umhüllt seine Gestalt, niemand darf ihn vermuten, kein Mensch ihn erkennen. Er ist meist eine Nasenlänge voraus, will nicht eingeholt werden. Also wäre ein wohlwollendes Miteinander ausgeschlossen. Des Durcheinanderbringers zerstörerisches Werk ist getarnt und wird erst erkannt, wenn es unheilbar fortgeschritten ist. Manchmal versucht er sich als Wolf im Schaf-Dress zu präsentieren. Wir preisen ihn als „Teufelskerl" und merken zu spät, dass er vom Teufel geritten wird! – Das eigentliche Problem liegt in der Ausrottung des Bösen, weil dies an sich ein Akt der Zerstörung ist. Denken wir an Vorkommnisse wie „Todesstrafe": Sie ist eine Tat, bei der es für einen Menschen kein innerweltliches Licht der Hoffnung mehr gibt. Wer kann sich anmaßen einem andern rechtlich das Leben abzusprechen?

Jesu Gleichnis vom Unkraut unter dem Weizen beschreibt unsern Alltag, in dem wir uns zunächst selbst zu hinterfragen habe. Letztlich nämlich können wir uns selber nicht trauen, sind dem Bösen gegenüber nicht gefeit. Sind wir dem nächtlichen Unkrautsäer noch nie ins Dunkel gefolgt? Haben wir ihm nach bestem Willen verunmöglicht Taumellolch zu säen? Meist merkten wir zu spät, dass dem Werk, das wir mit lauterer Absicht begannen, Undurchsichtiges beigemischt worden war. – *Jesu Gleichnis illustriert diese unfriedliche Koexistenz mit dem Bösen.* In dieser bewegt sich das Reich Gottes mit dem Bösen. Wir können nie mit letzter Gewissheit behaupten, am Bösen unbeteiligt zu sein. Zudem haben wir schon erfahren, dass Gott aus Bösem Gutes kreierte – aus Fluch wurde Segen. – *Bereits Matthäus erlebte diese Koexistenz mit dem Bösen in seiner Gemeinde.* Sie fühlte sich andern gegenüber als bester Weizen und über allem Unkraut erhaben. Die biblische Anspielung auf die Feinde leuchtet am Bibelsonntag dadurch hervor indem sie recht unbiblisch ist: Die Feinde – überschrieben mit Taumellolch – waren jüdische Schwestern und Brüder. Die jüdischen Christinnen und Christen waren zu keinem Kompromiss bereit. Damit war der Bruch zwischen Judenchristen und der Synagoge endgültig. Die Judenchristen stellten sich radikal gegen die Synagogen und die Römer. Damit war kein Platz mehr für Taumellolch.

Liebe Schwestern und Brüder! Matthäus tritt mit Jesu Gleichnis „Unkraut unter dem Weizen" der Ansicht der Juden-Christen entgegen: Synagogen-Juden und Römer gleich Unkraut ausrotten! – Offenbar überhörten die Judenchristen den Vergleich des Gleichnisses: Mit dem Himmelreich ... Folglich wird die Welt mit ihrem Durcheinander bei „der Ernte" von Gott selber in „Reich-Gottes-Harmonie" verwandelt werden.

34. Sonntag im Jahreskreis – Christkönigssonntag
Lesung: 1 Kor 15,20-26.28
Evangelium: Mt 25,31-46

Mit unserm König unterwegs zum Thron

Liebe Christen! Paulus bezeichnet den Tod als Person; das gleiche tun auch Künstler. Sie stellen den Tod dar als Knochenmann der mäht und mäht. Der Tod will uns daran erinnern, dass diese Welt endlich und sterblich ist. Doch wir wollen und können uns damit nicht abfinden. Der Tod ist der Feind des Lebens. Wir verlangen nach ewigem Leben als ganze Menschen. Aber der Tod mäht und erntet weiter. – *Unsere Vorfahren haben ihren Glauben in Bauwerken dargestellt: die gotischen Dome als das himmlische Jerusalem, die barocken Kirchen als den Himmelssaal.* Wir setzen unsern Glauben gegen den Tod wie Paulus und sagen: „Christus ist von den Toten auferweckt worden." Aber manchmal erliegen wir derselben Ungeduld wie die Menschen aller Jahrhunderte.

Schon die Korinther und die andern Christengemeinden der ersten Zeit waren ungeduldig. Sie erwarteten die Wiederkunft Christi noch zu ihren Lebzeiten. Durch das Mittelalter hindurch brach immer wieder das Verlangen nach der heilen Welt auf. Joachim von Fiore erwartete um 1200 das Zeitalter des Hl. Geistes. Das vergebliche Warten hat die Menschen ermüdet. Es blieb doch alles beim Alten. Sind wir überhaupt erlöst? Das bohrt noch heute in uns. – *Da wollte die Menschheit die Dinge selber in die Hand nehmen, im Rausch die Natur beherrschen.* Im Wahn des eigenen Könnens verlor sie Christus aus dem Blick. Schleichend kam der Gedanke: Wir können uns selbst erlösen. Als Barnard die ersten Herzverpflanzungen vornahm, kam leise die Hoffnung: Eines Tages werden wir des Todes Herr werden. Als Steptoes Retortenbaby geboren wurde, da spekulierte man mit dem Gedanken, wir könnten uns das Leben selber geben. Bloch versprach überall die Erschaffung einer besseren Welt durch den Komunismus mit den Worten: „Wo Lenin an die Macht kommt, dort entsteht das neue Jerusalem." Der Mensch versucht sich die Herrschaft Gottes anzueignen indem er eine bessere Welt erschafft. Er will die Auferstehung der Christen endgültig vollstrecken. Er ist der Idee verfallen, in Jesus sei jeder Mensch schon auferstanden. Heißt das nicht: Der *Mensch* ist der Christkönig? – *Aber merkwürdig! Der Tod als Knochenmann taucht wieder auf.* Demonstranten tragen ihn groß auf ihren Transparenten. Hier zeigt sich das Erschrecken der Menschheit vor dem, was sie kann. Durch die Atomkraft hat der Mensch den Tod statt zu besiegen heraufbeschworen. Er kann sogar die Erdenzeit beenden. Es bleibt die Frage: Wer ändert und belebt diese sterbliche Welt?

Wir sind auf eine Macht angewiesen, die mehr kann als die Technik; auf eine Herrschaft, die den Tod nicht hinausschiebt sondern aufbricht. Paulus nennt sie beim Namen: Der Gekreuzigte, der auferstanden ist. Er bleibt die einzige Hoffnung. Der neue Adam Jesus Christus ist eingesetzt. – *Aber sind wir damit nicht wieder bei unserer Ungeduld?* Wir verlangen eine rasche Verwandlung der Welt, das Ende des Bösen. Das heißt nichts weniger als das Ende der Zeit und Welt! Ist das nicht zuviel? Wir wissen, dass die Schöpfung stets ihrer Gestalt entgegenwächst. Der Mensch ist gegenüber dem Universum noch nicht einmal einen Tag alt. Wir leben in einer zeitlichen Welt. Gott ist in diese Zeit eingegangen. In Christus hat er sie nicht aufgegeben sondern angenommen. Gott gibt Zeit zur Entscheidung für seine unbegreifliche Liebe. Er schlägt nicht sofort drein, wenn er abgelehnt wird. Darum ist das Königtum Christi so verborgen und seine Herrschaft scheint so ohnmächtig gegenüber den Mächten dieser Welt. Die langmütige Liebe ist seine Königsmacht. Sie ist die Hoffnung der Welt.

Diese Hoffnung festzuhalten bleibt schwer. Nicht einmal das menschlich Gute hat die Propaganda für sich. Wenn wir die Zeitung aufschlagen, sehen wir, dass das Abartige, das Unchristliche berichtet wird. Das Gute geht unter. Doch das Böse hat nur den Anschein für sich. – *Die Lichtspur Jesu Christi durchzieht die Weltgeschichte.* Christus hat das Erbarmen mit den Unglücklichen gebracht. Er hat Gottes Liebe vorgelebt. Jede Menschenrechtserklärung lebt noch davon. Selbst der Kommunismus ist nur ein verkehrter christlicher Gedanke. Die Lichtbahn all der Heiligen erhellt die Jahrhunderte. Sie ließen das Böse bei sich enden. Wie Christus überwanden sie den Tod. Millionen Ungenannter haben sterbend das Kreuz Christi umfasst. Da sind Menschen, die irgendwo die Armen und Kranken bergen. Sie alle sind Zeugen vom Königtum Christi. Unter dem Zepter dieses Königs ist es schön zu lieben, statt zu hassen. Es macht frei, Christus, dem König zu gehören.

Liebe Schwestern und Brüder! Mit unserm König voran verläuft der Weg nach vorne. So wird die Welt der Ort, an dem sich Gott verschenkt. *In Christus hat die Kommunion mit Gott begonnen.* Sie geschieht verborgen hier an seinem Tisch. Sie wird endgültig, wenn er wiederkommt und „alles dem Vater übergibt." Den verborgenen Sinn der Welt preisen wir, wenn wir sagen: „Durch Christus, mit Christus und in Christus ist dir, Gott, allmächtiger Vater, in der Einheit des Hl. Geistes alle Herrlichkeit und Ehre, jetzt und in Ewigkeit". In diesen verborgenen Sinn gehen wir in der Stunde der Wandlung und wenn wir Christus empfangen. Die Erde und unser Leben darf, wenn der Herr wiederkommt, ein großes „Ehre sei dem Vater" werden.

Weitere Hochfeste im Kirchenjahr

Hochfest der ohne Erbsünde empfangenen Jungfrau und Gottesmutter Maria (Maria Erwählung) (Predigt nach der Lesung)
– 8. Dezember
Lesung: Gen 3,9-15,20
Evangelium: Lk 1,26-38

Die Erbsünde und der halbe Mensch

Liebe Christen! Der portugiesische Lyriker Fernando Pessoa hat ein Gedicht überschrieben mit „Erbsünde". Er beginnt in etwa: „Viele Chancen habe ich in meinem Leben verpasst, so manche Möglichkeit nicht genutzt." – *Es ist die Geschichte über Verpasstes und Unverwirklichtes der Menschheit insgesamt.* Wir stecken in einer Wirklichkeit all dessen, was wir nicht erreichen. In der Kindheit blicken Ungezählte durchs Fenster ins werdende Leben. *Fernando schrieb dieses Gedicht am Vorabend von Maria Empfängnis.* Dem Dichter geht es darum, die Erbsünde zu deuten, aufzuzeigen, wie sie wirkt, denn auf Schritt und Tritt spürte er, wie real sie in seinem Leben steckte. – Solch eine Lebenserfahrung ist jedem Menschen unausweichlich beschieden.

Zuerst einen Blick auf die Folge der Erbsünde. Gehört sie zum Leben wie die Luft zum Atmen? Gab es nie einen Menschen, der wenigstens in seiner Kindheit unversehrtes Menschsein erlebte? Fernando Pessoa meint, die Kindheit sei unversehrt. Doch die Theologie gibt ihm nicht recht. *Die gehörte Lesung spricht eine andere Sprache:* Gen 3,9-15.20. Sie widerspricht auch den vielen An- und Aufgeboten, Sünde und Schuld abzuschaffen durch Verharmlosen und Abschieben, Verdrängen und „Andern in die Schuhe schieben". Das Genesis-Traktat ist das erste und zugleich – was Sünde betrifft – auch das beste.

Als Zweites die Frage: „Adam, wo bist du?" Es ist die erste Frage Gottes und zwar nach des Menschen erstem Fall. Dahinter steckt viel mehr als ein Versteckspiel, bei dem Gott der Suchende ist. Gottes Stimme will im Innersten des Menschen verstanden werden – dort ist die Beziehungsebene zwischen Gott und Mensch. Die Sünde zerstört Freundschaft und Liebe, ist Absage an das Geborgensein, bewirkt Sturz aus höherer Bestimmung. Wo Gottes vertraute Nähe fehlt, melden sich Sorgen, die gefangen nehmen, Mühsal, die drückt und Angst als Dauerzustand. – *Sören Kierkegaard richtet die Frage „Adam, wo bist du?" an sich persönlich:* Wo bin ich? Wer bin ich? Seine

Antwort: „Mein Leben ist am Rande der Sinnfrage – ist unschmackhaft geworden, ohne Salz und Sinn. – Wer wissen will, in welchem Land er ist, steckt den Finger in die Erde um zu riechen. Ich stecke den Finger in mein Dasein – es riecht nach nichts . . .". – *Der Mensch versucht den tiefen Riss in der Existenz zu deuten mit der Geschichte vom Sündenfall.* Mit diesem Lossagen von Gott zerschneidet er seine Lebenswurzel. – Damit verdorren die Zweige des Lebensbaumes in allen Richtungen und stecken an, was mit ihnen in Berührung kommt. Das Sündenklima wird ablesbar wie der Luftdruck am Barometer.

Als Drittes eine Antwort durch die Frau: Sünde und Bosheit ziehen sich wie ein schwarzer Faden durch die Hl. Schrift. Sie werden uns von den Medien täglich „per Eilpost" ins Haus geliefert, bohren sich wie der Holzwurm in uns hinein. – *Wende war und bleibt eine freie Tat des guten Gottes.* Er stoppte die Macht der Sünde und stürzte sie ins Nichts. Dies war im Augenblick, als er einen Menschen schuf: sündelos und makelrein – die Feindin der Schlage. Sie wird greif- und hörbar im Namen Maria. Sie sagt von sich: Ich bin die Unbefleckte. – Nun beginnt ein Sturm! Er pfeift mit Fragen, tobt mit Problemen, erstickt in Widerständen: Erstarrt Maria als Unbefleckte nicht in „Passivität"? Ist bei ihr nicht alles vorherbestimmt? Wird sie nicht zu einer Art Über- oder Jenseitsmensch? – *Was bringt die ganze Fragerei und Spekulation?* Lieber tasten wir uns ans Geheimnis der Worte: „Du bist voll der Gnade" . Diese bewahrten ihren Realitätsgehalt in Marias Alltag. Die Zusage an sie: „Der Herr ist mit dir" gaben ihrem Leben eine neue Gestalt. Sie trat ins Licht als Gottesgebärerin und dann in den Schatten ihres Sohnes.

Ein Viertes drängt sich auf: Marias Offensein statt Verweigern. Ihr Offensein ist bereits am Anfang sichtbar; sie lässt Erlösung in sich hinein. Maria neigt sich vor Gottes Offenbarung, geht unentwegt auf ihn zu, hörend und gehorchend ist sie gesammelte Bereitschaft bei der Botschaft des Engels. *Ihr Glaube an Gottes Macht schwingt sich in die Höhe des Magnifikats* – einem vom Geist erfüllten Lobpreis auf das Erbarmen des Herrn von Geschlecht zu Geschlecht. Ihr Vertrauen besteht Prüfungen: arm im Stall, ausgestoßen und auf der Flucht nach Ägypten, fremd in Ägypten, bei Sorge und Sorgfalt: „Kind, wir haben dich mit Angst gesucht!" – Sie erwog und bewahrte in ihrem Herzen alles Erlebte. Marias Treue bestätigt sich unter dem Kreuz und schließlich beim Ausharren mit der jungen Kirche.

Liebe Schwestern und Brüder! Ein Kriminologe aus Amsterdam bewertet Genesis 3 aus seiner Sicht: „Unsere Lebensform ist Schuldkultur: Denken, Reden und Tun sind von Schuld durchtränkt. An Maria können wir ablesen, was ein Leben frei von Sünde, ‚voll der Gnade' ist. In Christus Gemeinschaft nehme ich ebenbildliche Gestalt in Subkultur an. Maria ist Modell für Erlösungskultur". (Ev.: Lk 1,26-38)

Hochfest des Leibes und Blutes Christi – Fronleichnam (Predigt nach der Lesung)

Lesung: Dtn 8,2-3.14b-16a
Evangelium: Joh 6,51-58

Eile – eile – gähnend – schlafend – gähnend

Liebe Christen! Für die Fahrt ins Geheimnis stellt uns Saint-Exupéry den Kleinen Prinzen und den Weichensteller zur Verfügung: „Guten Tag" sagt der Kleine Prinz. „Guten Tag", erwiderte der Weichensteller. „Was machst du da?" fragt der Kleine Prinz. Darauf der Weichensteller: „Ich schicke Züge, bald nach rechts, bald nach links. Mit ihnen fahren Reisende." – In dem Moment zischt ein lichterfunkelnder Schnellzug vorbei. Mit dem Blick hinterher meint der Kleine Prinz: „Haben die es eilig! – Wohin rasen sie?" Darauf der Weichensteller: „Das weiß nicht einmal der Lokomotivführer." Schon donnert ein zweiter Schnellzug vorbei. Er verschwindet in entgegengesetzter Richtung. Erstaunt meint der Kleine Prinz: „Die Reisenden kommen schon zurück!" Die Antwort des Weichenstellers: „Die Züge wechseln. Drinnen sind andere, die reisen." „Waren die Leute dort wo sie waren, nicht zufrieden?" Lächelnd der Weichensteller: „Der Mensch ist nie zufrieden dort, wo er ist." – Kurze Stille. Dann der rollende Donner eines dritten Schnellzuges. – Die Frage des Kleinen Prinzen: „Verfolgen diese die ersten Reisenden?" Die weise Antwort des Weichenstellers: „Sie verfolgen gar nichts. Die einen schlafen da drinnen, andere gähnen sich an." „Ich verstehe", und mit diesem Wort reicht der Kleine Prinz dem Weichensteller die Hand. Die zwei gehen sinnend auseinander.

Dieser Dialog bewegt in die tiefe Frage: „Lebenslänglich ohne Sinn und Ziel? – Die Reisenden rasen, der Lok-Führer weiß nicht wohin: Die einen eilen nach Osten, die andern nach Westen. Nirgends ist der ganze Frieden. Verfolgt wird nichts. Die gähnende und schlafende Eile sagt: „Man möchte, man könnte, man sollte . . .". Dahinter verbirgt sich ein deprimierender Zustand der Menschen: Die Geschichte beweist, wie ganze Völker sich von einzelnen „Lok-Führern" manipulieren und diktieren lassen. Sie legen ihr Wohl oder Wehe in die Hand eines Lenkradhaltenden und eines Weichenstellers. Die Vielen in den Waggons ihrer Salons oder Baracken lassen sich treiben oder ziehen. Es gibt Führende und Weichensteller, die als Antriebskraft „Wohl euch" verwenden. Aber wir kennen auch jene, die mit „Weh euch" davondonnern und ganze gähnende und schlafende Völker ins Unglück stürzen.

Im alttestamentlichen Deuteronomium stellte Jahwe die Weichen Richtung „Wohl euch" und bestimmte Mose als Lok-Führer. Die Zugrichtung war „Gelobtes Land" – von dem Sklavenhaus Ägypten weg in die Freiheit, die Gott meint. Mose will nur das eine: Seine Triebkraft ist „Wohl dir Israel". Gott stellte während vierzig Jahren des Wüstenzuges die Weichen – links um Hügel, rechts vorbei an Dünen. Durststrecken und Hungerperioden blieben nicht aus. Störrisch wie Esel waren die Israeliten, launisch und mürrisch. Doch Mose in der Lokomotive donnerte weiter: Schlug – selbst zweifelnd – an den Felsen und erhielt Wasser, fragte den Weichensteller Jahwe um Rat. – Am Ende der Wanderfahrt von vierzig Jahren gibt Mose im Deuteronomium, aus dem wir einen Abschnitt hörten, Richtlinien: Du, Israel, durftest Jahwe als Weichensteller zum Glück und Heil erfahren. Fahre nicht auf eigenen Wegen ins Unglück. Jahwe wird auch in fernen Tagen die Weichen stellen und macht die Zukunftsreise selber mit. Mose erinnert an Ex 3,12: „Ich bin mit dir!" Darum kann er auffordern: Höre Israel! Du sollst an die ganze Fahrt denken von vierzig Jahren: durch Meer und Wüste, durch Feuer und Wasser, durch Hoffnung und Enttäuschung, durch Tod ins Leben. – Es war eine Fahrt mit Ziel und die Fahrt hatte einen Sinn: Auf ins Glück mit „Glück auf!" Wie wir in Dtn 8,14ff hörten, mahnt Mose vor Hochmut und warnt vor Selbstüberheblichkeit, die eigene Wege suchen. Die treue Führung und liebende Zuwendung Jahwes schenkte Wasser aus dem Felsen und Manna direkt vom Himmel.

Liebe Schwestern und Brüder! Für die Fahrt an Fronleichnam ist Christus selber Weichensteller und Lok-Führer. Darum das sich Bewegende des Festtages: Fronleichnamsprozession. Sie gehörte schon im alten Rom zum Stationengottesdienst. Wir gehen heute nicht bloß zur eucharistischen Feier. Heute gehen wir mit Christus – er geht mit uns. Er ist unser Brot, das Manna, Speise für den Weg, Wegzehrung und Wegweisung. – Als Wort des Lebens weist er die Richtung – als Brot des Lebens stärkt er immerzu. – Als Brot für die Welt bedarf er keiner Reklame. – Zur Zeit sind etwa eine Milliarde Christen auf dieser Erde, genug Brotverteilende. Darum „Glück auf" zur Fahrt an Fronleichnam. (Ev.: Joh 6,51-58)

Hochfest Mariä Aufnahme in den Himmel – 15. August
Lesung: 1 Kor 15,20-27a
Evangelium: Lk 1,39-56

Maria fällt auf durch Unauffälligkeit

Liebe Christen! Maria ist die Frau, deren Dasein von A–Z ins Alphabet einer Lebensbeschreibung passt, deren roter Faden aufzeigt, was es heißt: Mensch, werde Mensch. Die Volksfrömmigkeit ziert und schmückt eine Maria, die uns einst in der Ewigkeit begrüßen mag. In der Bibel finden wir sie so nicht.

Zunächst stellt sich uns ein lebhaftes, jüdisches Mädchen vor. Ihre Schritte werden bereits im Paradies als kraftvoll hörbar: „Der Spross der Frau wird der Schlange den Kopf zertreten" (vgl. Gen 3,15). – *Das Neue Testament zeichnet von Maria ein Bild, das auch zu andern jüdischen Frauen passt.* Sie hat im Volk nicht das Sagen, fällt auf durch Unauffälligkeit, ist wie andere Mädchen schon jung mit einem Mann verlobt. Die Fassade verrät nichts von der Wohnung, die in ihr bereitet wird. Selbst sie als Inhaberin weiß nicht, was in ihr vorgeht. Gerade, weil Maria sich nicht außergewöhnlich vorkommt, kann Gott sie für das Außergewöhnliche vorbereiten, im Schatten des Hl. Geistes in ihr Wohnung nehmen. Niemand – auch Josef nicht – weiß etwas vom Erwähltsein Marias als Mutter des langersehnten Messias. Sie selbst hat ihr JA gegeben, ohne sich der Tragweite bewusst zu sein. – *Dem JA folgt nach und nach die Erkenntnis, worauf sie sich eingelassen hat.* Sie vertraute einem Engel, der ihr nicht einmal „ein Jahr Garantie" gab. Ein bodenloses Wagnis, eine Forderung auf Verzicht, der auch Josef trifft.

Die inzwischen erprobte und reifer gewordene Frau tut eine zweite Bewegung: Ihren Zustand nach der Verkündigung kann sie nicht allein bewältigen. Dem „Mir geschehe" folgt manches Nichtverstehen. In dieser Zeit eilt Maria zu ihrer Cousine Elisabet, die ältere und reichere an Lebenserfahrungen. Dort, auf der andern Seite des Gebirges, kann Maria so vielem entfliehen: neugierigen Blicken, verleumderischem Geschwätz, der ach so lieben Nachbarn. – *Sowie die beiden Frauen sich begegnen, stellen sie fest: In uns brennt das gleiche Feuer.* In beiden leuchtet ein Wortschatz auf, den sich Elisabet und Maria nicht selber ausgedacht haben. Elisabet – vom hüpfenden Kind in ihrem Schoß bewegt – ruft Worte des Segens über die größte der Frauen und deren Leibesfrucht, Maria antwortet auf den Ruf mit einem Plädoyer für die Kleinen und Schwachen. Sie weiß Bescheid, weil sie den zukünftigen Anwalt der Gebrochenen in sich trägt. Zudem hat sie Erfahrung: Als Frau in Israels patriarchalischer Gesellschaft bleibt ihr selbst „neu" der Weg der Kleinen und Rechtlosen.

Darum tut Maria eine dritte Bewegung: Sie tritt denen entgegen, die auf Gottes Größe herumtrampeln und meinen, bei ihm gelte die Hackordnung des Hühnerstalls. Fromme und Reiche verschaffen sich durch Niederhacken Aussicht und Übersicht. – *Diese einfache, junge Frau aus Nazaret sagt:* „Ihr irrt euch, Gott stellt Wertordnungen so, dass die Mächtigen einen Sturzflug erleben und die Niedrigen einen Höheflug." – Sich selbst Erhöhende tun sich schwer beim Herabsteigen zu Gott, dem in Armut geborenen Kind. Jesu Laufbahn können sie weder bewundern noch nachlaufen. Allen aber, die sich an Erniedrigung gewöhnt haben, ist der Stall von Betlehem nicht zu niedrig – und am niedrigen Grab dürfen sie mit Maria erfahren, wie Gott ihren Sohn bis in den Himmel erhöht.

Liebe Schwestern und Brüder! Maria Aufnahme in den Himmel ist Antwort Gottes auf das Ja des Menschen und seiner eigenen Aufnahme. Maria ist Wegweiser für unsere Erwählung. Wie die ihre, ist auch unsere auffallend durch Unauffälligkeit. – *Gottes weises Vorsehen führt uns aus der Hackord-nung der Masse zu irgendeiner Elisabet:* dort sind Schutz und Rat. – Je mehr wir feststellen: Ich habe nichts vorzuweisen, – desto mehr bekommt das in uns gewordene Magnifikat Melodie und Klang. Wenn wir einst das letzte „Mir geschehe" sprechen, wird Gott seine letzte Tat an uns vollbringen, denn er erhöht die Niedrigen in den Himmel hinauf – oder hinein.

Hochfest Allerheiligen – 1. November

Lesung: 1 Joh 3,1-3
Evangelium: Mt 5,1-12a

Heilige sind die gelungene Alternative Gottes

Liebe Christen! Offizielle Glückwünsche und Gratulationen gehen an Erfolg-reiche, Arrivierte und Vorangekommene im Geschäftsleben, in der Politik, im Sport und leider auch in der Kirche. Niemand kommt auf die ausgefallene Idee, einem Architekten, der beim Wettbewerb für einen Kirchenbau von der Jury den letzten Rang erhalten hat, zu gratulieren. Die Werbespots am Fern-sehen bieten täglich eine Fülle und immer bessere Seligpreisungen an und krönen ihre Reklamen. – *Jesus gratuliert und krönt auf eine Weise, die zunächst Ärgernis hervorruft.* Selbst die sich seines Namens rühmen, halten ihn da und dort für abnormal: Wenn er die Zukurzgekommenen an den ersten Platz setzt und die Lebensbettler als Vorbilder darstellt.

Zunächst eine Betrachtung über erdenschwere Heiligkeit. In der gehörten Lesung wurde dieses Gewicht mit Namen genannt (1 Joh 3,1-3). Die Liebe Gottes drückt in Jesus wohltuend auf uns Menschen. Sie soll die Erde anste-cken mit dem Virus des Himmels und wunde Stellen heilend berühren. – *Genau dort, wo Gott ein Herz erobert, wird der Mensch verwandelt, und wir haben es mit einem Heiligen zu tun.* Heiligenverehrung ist nichts anderes, als ein Lobpreis an Gott für seine Ankunft bei uns Menschen: „Schau, der Himmel ist in dir und mir!" Wir sind Gottes Wahlheimat auf Erden.

Er wählt nicht sensationelle Orte. Sein Kleid ist der Schleier des Unauffäl-ligen. Menschen wie Theresia von Lisieux lüften diesen Schleier. Sie ist eine Heilige, mit der auch der moderne Mensch eine Chance hat. Ihr Heiligkeits-ideal entspricht nicht jenem, das die katholische Frömmigkeit über lange Zeit geprägt hat: *aus heiligen Menschen wurden Superstars.* Religiöse Hochleis-tung wurde gefördert. Die Hochsprunglatte der Heiligkeit wurde so hoch gesetzt, dass die meisten unter ihr durchsprangen; einigen reichte es bis zum Herunterschlagen der Latte; wenigen gelang die Kunst des Sich-darüber-schwingens. Der Sprung gelang nur einem Genie. – *Heiligkeit schwebt nicht über den Wolken.* Sie bewährt sich in der Erdenschwere. Karl Barth vermerkt kritisch: Heiligenverehrung meint nicht „fromme" Hochstilisierung eines Menschen, nicht „religiöser Übermensch und Aristokrat mit blauem Blut". Heiligenverehrung orientiert sich am Pilgerkleid Jesu – Begegnung mit einem Menschen, zu dem dieses Kleid passt. *– Es gibt Heilige, die nur von Gott bestätigt und andere, die auch noch von der Kirche kanonisiert sind.* In allen wird ein zweiter Christus mit Leib und Seele sichtbar. Hans Urs von Balthasar nennt sie „lebendige Kommentare zum Evangelium".

Eine zweite Betrachtung gilt der Alternative Gottes: Der Wortwurzel nach bedeutet „heilig" ausgesondert und ausgegrenzt, wie der erste Petrusbrief anvisiert: „Ihr seid Fremde und Gäste in dieser Welt" (2,11). Daran erinnert unsere Bezeichnung „Pfarrei", aus dem Griechischen „paroikia" und bedeutet „Fremdsein in der jetzigen Welt". *– Modern kann das Wort „heilig" mit dem Wort „alternativ" übersetzt werden.* Heilig ist, wer in der heutigen Welt die große Alternative Gottes für die Menschen darstellt. Heilige halten Gottes Lebens-Absichten in der Erinnerung wach.

Liebe Schwestern und Brüder! Heilige sind die gelungene Alternative Gottes in der Welt, wenn sie ihr nicht die Schleppe des Gewandes Mächtiger nachtragen, sondern den Menschen die Fackel des neuen Lebens Gottes vorantragen. *– Der liturgische Kalender hat das Festevangelium in diesem Sinne gewählt:* Die Seligpreisungen sind die „Magna Charta" der Alternativen, die mitten in der Welt den Mut haben, anders zu sein. Heilige ziehen aus der Kraft der Seligpreisungen ihre Konsequenzen. Das macht Allerheiligen zu einem elementaren Auftrag an uns. Der unauffällige Lebensstil entspricht dem Uranliegen: „Seid heilig, denn ich, euer Gott, bin heilig."

Herausforderung
PREDIGT

In welcher Weise können die Prediger/innen heute so von Gott reden, dass sie die Menschen mit ihrer Botschaft erreichen? Besonders die kirchlichen Festtage und ihre Botschaft bieten eine besondere Herausforderung. Denn gerade zu diesen Anlässen versammeln sich neben den treuen Kirchenbesuchern viele Menschen zum Gottesdienst, die nur wenige Male im Jahr kommen.

Dieser Band beginnt mit einer Reflexion über die Hürden und Schwierigkeiten, mit denen sich der Glauben an Gott heute konfrontiert sieht. Er enthält Predigtentwürfe voller Fantasie in frischer, zeitgemäßer Sprache zu fast allen Hochfesten des Kirchenjahres.

Franz-Josef Ortkemper

Von Gott reden in schwieriger Zeit
Predigten zu den Hochfesten des Kirchenjahres

Franz-Josef Ortkemper
Von Gott reden in schwieriger Zeit
Predigten zu den Hochfesten des Kirchenjahres

Format 14,8 x 21 cm; ca. 128 Seiten; kartoniert
ISBN 3-460-**33054**-6

Verlag Katholisches Bibelwerk
Silberburgstraße 121 · 70176 Stuttgart
Tel. 07 11 / 6 19 20 -35 · Fax -44
E-Mail: info@bibelwerk.de
www.bibelwerk.de

Herausforderung
LITURGIE

In der gegenwärtigen seelsorglichen Praxis werden immer häufiger - auch an Sonn- und Feiertagen - Wortgottesdienste angeboten, denen Diakone, Pastoralreferent/innen, Ge-meindereferent/innen und beauftragte Laien (Ehrenamtliche) vorstehen. Als Hilfe für die Vorbereitung und Durchführung solcher „Wort-Gottes-Feiern" bietet der Band zum Lesejahr A für jeden Sonn- und (wichtigen) Feiertag:

■ eine ausgearbeitete Predigt zu einer der drei Perikopen des Tages

■ einen fertig ausgearbeiteten Gottesdienstentwurf mit Einleitung, Hinführung zu den biblischen Texten, Liedern, Gebeten, Fürbitten, Meditationstexten und einem Segenswort.

Bernhard Krautter (Hrsg.)

Wort-Gottes-Feiern

Hilfen zur Vorbereitung und Durchführung von Wortgottesdiensten - Lesejahr A

Format 14,8 x 21 cm; ca. 280 Seiten; kartoniert
ISBN 3-460-**33055**-4

Verlag Katholisches Bibelwerk
Silberburgstraße 121 · 70176 Stuttgart
Tel. 07 11 / 6 19 20 -35 · Fax -44
E-Mail: info@bibelwerk.de
www.bibelwerk.de